अनुवाद
अनुसृजन

ज्ञान शांति मैत्री

महात्मा गांधी अंतरराष्ट्रीय हिंदी विश्वविद्यालय, वर्धा

# अनुवाद अनुसृजन

सम्पादक

ए. अरविंदाक्षन

राधाकृष्ण प्रकाशन

ISBN : 978-81-8361-912-7

**अनुवाद अनुसृजन**



**पहला संस्करण :** 2019

**मूल्य :** ₹395

**प्रकाशक**

राधाकृष्ण प्रकाशन प्राइवेट लिमिटेड
जी-17, जगतपुरी, दिल्ली-110 051

**शाखाएँ :** अशोक राजपथ, साइंस कॉलेज के सामने, पटना-800 006
पहली मंजिल, दरबारी बिल्डिंग, महात्मा गांधी मार्ग, इलाहाबाद-211 001
36 ए, शेक्सपियर सरणी, कोलकाता-700 017

वेबसाइट : www.radhakrishnaprakashan.com
ई-मेल : info@radhakrishnaprakashan.com

**मुद्रक :** बी.के. ऑफसेट
नवीन शाहदरा, दिल्ली-110 032

ANUVAD ANUSRIJAN
*Edited by* A. Arvindakshan

# भूमिका

अनुवाद के इतिहास को बहुत करीब से देखा जाए तो पता चलेगा कि उसमें व्यक्ति की इच्छाशक्ति की भूमिका सशक्त रही है। जो अनुवाद करने के प्रबल इच्छुक थे उन्होंने ही यह कार्य किया था। उस दौर में सृजनात्मकता अनुवाद के केन्द्र में रही है। प्रत्येक अनुवादक अपनी पूरी रचनात्मक प्रक्रिया को सृजनात्मक बनाने की दिशा में प्रतिबद्ध दिखता है। इस सृजनात्मक प्रतिबद्धता के कारण अनूदित रचना और मौलिक रचना के बीच कोई विभाजक-रेखा नहीं थी। हमारी कई महत्त्वपूर्ण क्लासिकी रचनाएँ अनूदित रचनाएँ रही हैं।

आधुनिक युग में अनुवाद कार्य का पूरा स्वरूप ही बदल गया है। पहली बात यह है कि अनुवाद की सैद्धान्तिकी विकसित हुई। इसके पीछे अनुवाद की प्रचुरता और विविधता प्रमुख कारण है। यह कहा जा सकता है कि अनुवाद कार्य ने अपना एक वैश्विक रूप धारण कर लिया है। इसलिए अनुवाद को गम्भीरता से देखने का विचार विकसित होने लगा है। ऐसे में अनुवाद के सिद्धान्त को भी विकसित होना ही था। स्रोत भाषा की संरचना एवं लक्ष्य भाषा की संरचना की गम्भीर चर्चा अनुवाद में होने लगी। याने अनुवाद के भाषा वैज्ञानिक आयाम अनुवाद-सैद्धान्तिकी की धुरी बन गए। अनुवाद-सिद्धान्त दरअसल भाषाविज्ञान के मूलभूत सिद्धान्तों पर निर्भर हैं। इसके साथ-साथ अनुवाद का सौन्दर्यशास्त्र भी विकसित हुआ जो कि अनूदित भाषा की सृजनात्मकता के आधार पर परिकल्पित है।

प्रौद्योगिकी के प्रचुर विकास के साथ अनुवाद का एक नया आयाम सामने आ गया और वह है मशीनी अनुवाद। कई संस्थाएँ देश-विदेश में इस नई प्रौद्योगिकी के विकास में योगदान दे रही हैं। मशीनी अनुवाद की पूरी प्रक्रिया तथा तत्सम्बन्धी समस्याओं का बहुत बड़ा क्षेत्र है जो आजकल अनुवाद के क्षेत्र में नूतन आविष्कारों के

साथ सामने आ रहा है। विज्ञान और प्रौद्योगिकी के विकास के साथ मशीनी अनुवाद भी विकसित होता जा रहा है। मशीनी अनुवाद के विकास ने तथा उसकी अनन्त सम्भावनाओं ने अनुवाद कार्य को प्रोफेशनल स्वरूप प्रदान किया है। यही नहीं अनुवाद के प्रोफेशनल स्वरूप को देखते हुए ऐसा ही लगता है कि यह एक इंडस्ट्री के रूप में विकसित हो सकता है। भारत जैसे बहुभाषी देश में इसकी सम्भावनाएँ अधिक हैं।

यह ग्रन्थ अनुवाद को दो तरह से देख रहा है—अकादमिक तथा प्रोफेशनल स्तर से। अनुवाद में ये दोनों मुख्य हैं। मेरा यही विचार है कि अनुवाद के विद्यार्थियों, शोधार्थियों एवं अध्यापकों के लिए यह ग्रन्थ उपयोगी सिद्ध होगा।

अनुवाद, भाषाविज्ञान, प्रौद्योगिकी से जुड़े विद्वानों के आलेख इसमें शामिल हैं। उन सबके प्रति मैं हृदय से आभारी हूँ।

वर्धा

**—ए. अरविंदाक्षन**

# अनुक्रम

अनुवाद अनुसृजन

# मशीन अनुवाद : इतिहास एवं समस्याएँ

अम्बा कुलकर्णी

## मशीन अनुवाद : ऐतिहासिक परिदृश्य

मशीन अनुवाद (Machine Translation) का इतिहास उतना ही पुराना है जितना कि संगणक (Computer)। संगणक के आविष्कार के तुरन्त बाद उसका उपयोग कई कार्यों के लिए होने लगा, मशीन अनुवाद उनमें से एक कार्य था। द्वितीय विश्वयुद्ध के दौरान शत्रु की गोपनीय सूचनाओं को समझने के लिए Cryptography एवं Information Theory का उपयोग संगणक के माध्यम से किया गया। चूँकि अनुवाद में भी एक भाषा में व्यक्त विचारों को Decode करके दूसरी भाषा में Encode किया जाता है, Cryptography और Information Theory का उपयोग मशीन अनुवाद Software बनाने के लिए करना स्वाभाविक था। अमेरिका में इस दौरान बहुत से अनुसन्धान समूह विविध मशीन अनुवाद परियोजनाओं पर (विशेषत: रूसी से अंग्रेजी) काम करने हेतु आगे आए। सोवियत संघ (USSR) में भी इस प्रकार अंग्रेजी एवं फ्रेंच से रूसी में विभिन्न स्तर पर अनुवाद–यंत्र बनाने के कार्य में प्रगति हुई। लेकिन दुर्भाग्य से, अत्यन्त उत्साह और आशावाद के प्रारम्भिक दिनों के दौरान, यह दावा किया गया था कि मशीन अनुवाद किसी भी मानवीय हस्तक्षेप के बिना सामान्य दस्तावेजों के लिए उच्च गुणवत्ता युक्त अनुवाद का निर्माण करने में सक्षम हो जाएगा।

मशीन अनुवाद अनुसन्धान के परीक्षण हेतु अमेरिका में ALPAC नामक समिति का गठन किया गया था। समिति ने इस सम्बन्ध में निर्णय दिया कि उपर्युक्त अनुसन्धान के सम्बन्ध में जो दावा किया गया था, वह असफल रहा। समिति की सन् 1966 की रिपोर्ट में कहा गया था कि इस सन्दर्भ में और अधिक मूलभूत अनुसन्धान की आवश्यकता है एवं भविष्य में मशीन अनुवाद प्रायोगिक दृष्टि से उपयोगी नहीं सिद्ध होगा।

फिर भी यूरोप एवं जापान में मशीन अनुवाद पर अनुसन्धान लगातार चलता रहा। सन् 1977 में कनाडा में TAUM-METEO नामक यंत्र के सफलतापूर्वक

संचालन के बाद यह क्षेत्र पुनः गौरवान्वित हुआ। TAUM-METEO यह एक मौसम सम्बन्धी क्षेत्र के लिए बनाया गया विशिष्ट यंत्र है जो कि कनाडा के मौसम की सूचनाओं को अंग्रेजी से फ्रेंच में अनुवाद करता है। यह मात्र 220 शब्दों से युक्त एक कोश के आधार पर चलता है और मौसम सम्बन्धी सूचनाओं का 98 प्रतिशत अनुवाद प्रामाणिक रूप से करता है। विशिष्ट क्षेत्र के लिए बनाए गए अन्य यंत्र हैं—TITUS (टेक्स्टाइल टेक्नोलॉजी के लिए अंग्रेजी से फ्रेंच), CULT (गणित और भौतिकी शोधपत्रिकाओं के लिए चीनी से अंग्रेजी) आदि। 1980 के दशक में जापान के वैज्ञानिकों ने राष्ट्रीय स्तर के MU नामक परियोजना के अन्तर्गत अंग्रेजी और जापानी के मध्य मशीन अनुवाद को सफलतापूर्वक पूर्ण किया। यूरोपियन समुदाय ने सभी यूरोपीय भाषाओं के मशीन अनुवाद हेतु EUROTRA नामक एक उत्साही परियोजना हाथ में ली। परिणामस्वरूप बहुत से यूरोपीय देशों में अनेक संगणकीय भाषावैज्ञानिक समुदायों (Computational Linguistic Groups) की स्थापना हुई।

90 के दशक में मशीन अनुवाद के लिए सांख्यिकीय तकनीक का उद्‌भव हुआ। IBM द्वारा CANDIDE नामक एक यंत्र बनाया गया। उन दिनों में उपलब्ध Interlingua तकनीक के आधार पर बना Pangloss एवं भाषाशास्त्र व सांख्यिकीय तकनीक के आधार पर बना Lingstat नामक मशीन अनुवाद के यंत्रों का मुकाबला पूर्णतः सांख्यिकीय तत्त्वों पर आधारित CANDIDE कर पाया। ध्वनि को एक भाषा से दूसरी भाषा में अनुवादित करने के लिए जर्मनी में Verbmobile नामक यंत्र का विकास हुआ।

बीसवीं सदी में किए गए प्रयत्नों के फल अब दिखाई देने लगे हैं। पिछले दशक में कई शब्दकोशों का Digitization हो चुका है और वे Online उपलब्ध हैं। अनुवाद के काम में सहायता के लिए Translation Memory नामक साफ्टवेयर्स उपलब्ध होने लगे हैं, कई भाषाओं के लिए भाषा विश्लेषण के अनेक संसाधन उपलब्ध हैं। मशीन अनुवाद के क्षेत्र में उपलब्ध विविध व्यावसायिक साफ्टवेयर्स की एक सूची International Association of MT ने बनाई है। यह सूची 129 पृष्ठ की है। इनके अलावा विविध विश्वविद्यालयों और संशोधकों के द्वारा कतिपय मशीन अनुवाद से सम्बन्धित संसाधन निःशुल्क उपलब्ध हैं। इससे पता चलता है कि इस क्षेत्र में कितनी तेज गति से प्रगति हो रही है।

## संरचना पद्धति

प्रारम्भ से यह धारणा थी कि मशीन अनुवाद को भाषा विज्ञान के अत्यधिक परिष्कृत सिद्धान्त की आवश्यकता है जिससे उचित गुणवत्ता का उत्पादन किया जा सके।

प्रारम्भ में कई मशीन अनुवाद अनौपचारिक और सतही भाषा विश्लेषण पर आधारित थे। संगणकीय व्याकरण (Computational Grammars) के नेतृत्व में भाषा विज्ञान के क्षेत्र में संगणकोपयोगी भाषा सम्बन्धी व्याकरण लिखने के कार्य प्रारम्भ हुए। परिणामस्वरूप Lexical Functional Grammar (LFG), Head Driven Phrase Structure Grammar (HPSG), Tree Adjoining Grammar (TAG) नामक भिन्न-भिन्न संगणकोपयोगी भाषा-व्याकरणों का निर्माण हुआ।

80 के दशक तक अधिकांश मशीन अनुवाद भाषाविषयक नियमों पर आधारित थे। अर्थात् वे शब्दों का विश्लेषण, शब्दार्थ निर्णय एवं भाषायुग्म के व्यतिरेक आदि सभी कार्यों के लिए भाषाविषयक नियमों का आधार लेते थे। यद्यपि अधिक नियम यंत्र को प्रभावशाली बनाते हैं, अधिक नियमों से जटिलता भी बढ़ती है और यंत्र का रखरखाव कठिन हो जाता है। वस्तुत: एक अच्छे प्रायोगिक अनुवादक यंत्र के लिए लगभग पाँच लाख से दस लाख मूल शब्दों की एवं साथ ही हजारों नियमों की आवश्यकता होती है। बाद में अपवादों को संचालित करने के लिए विशेष नियमों को लिखने से नियमों की संख्या में बढ़त होने के साथ-साथ यंत्र को नियंत्रित करना कठिन होता है।

90 के दशक में मशीन अनुवाद के क्षेत्र में एक गतिशीलता आई। केवल बेहतर गुणवत्ता के उत्पादन के लिए परिष्कृत भाषाविज्ञान व्याकरण आवश्यक है। इस मान्यता को पूर्णत: सांख्यिकीय तत्त्वों के आधार पर बनाए गए CANDIDE यंत्र ने चुनौती दी।

केवल सांख्यिकी तकनीक पर आधारित यंत्र का मूल्यांकन 1994 के दौरान DARPA यंत्र के मूल्यांकन के बराबर था। लेकिन केवल सांख्यिकी तकनीक से बेहतर परिणाम मिल सकते हैं, इस बात को लोगों ने नहीं माना। CANDIDE की सफलता से केवल यह सिद्ध हुआ कि सांख्यिकी तकनीक भाषावैज्ञानिक संरचना पद्धति (Linguistic Approaches) के लिए पूरक हो सकती है। 1994 से लेकर मशीन अनुवाद अनुसन्धाताओं ने सांख्यिकीय तकनीक एवं भाषावैज्ञानिक तकनीक से युक्त एक संकर प्रतिरूप (Model) का उपयोग किया। कुछ विषय कुछ तकनीकों के द्वारा बेहतर सम्पन्न कर सकते हैं। उदाहरण के लिए : शब्दविश्लेषक भाषायी संरचना पद्धति के आधार पर बनाया जा सकता है। जबकि शब्दपरिचायक (POS Tagger) अंग्रेजी के जैसी स्थितीय भाषाओं (Positional Languages) के लिए सांख्यिकीय तरीकों से बेहतर प्रदर्शन कर सकते हैं। जहाँ पर विश्लेषण के लिए कोई अतिरिक्त भाषावैज्ञानिक ज्ञान की आवश्यकता नहीं है, वहाँ भाषा विज्ञान से अच्छे फल प्राप्त हो सकते हैं। वे सभी मॉड्यूल जिनको भाषा के अतिरिक्त जगत् का ज्ञान, अनुमान इत्यादि की आवश्यकता होती है, उनका सांख्यिकीय साधनों से

अच्छा प्रदर्शन कर सकते हैं। आज भी भाषा व्यतिरिक्त बाह्य जगत् के ज्ञान का उपयोग संगणक पूरी तरह से नहीं कर पाता है। सांख्यिकी प्रणालियों में कुछ कठिनाइयाँ हैं जिनमें से एक है कि यंत्र ने यदि कुछ गलत सीखा है तो उसे मानवीय हस्तक्षेप से दूर करना कठिन है। वस्तुतः भाषा विज्ञान संरचना पद्धति के मामले में, भाषावैज्ञानिक नियमों को ठीक कर यंत्र के प्रदर्शन को बेहतर बना सकते हैं। सम्बन्धित सिद्धान्तों की पृष्ठभूमि वाले व्यक्ति की सहायता से और दूसरे पक्ष में सांख्यिकीय प्रणालियों का प्रदर्शन सामान्य रूप से अधिक से अधिक टैग कोष (Tagged Corpus) के साथ बेहतर हो जाता है। आदर्श रूप में, भाषिक ज्ञान और सांख्यिकीय तकनीक दोनों की जरूरत है और वे एक-दूसरे के पूरक हैं। भाषा विज्ञान का ज्ञान एक अच्छा प्रशिक्षण कोष (Training Corpus) तैयार करने में मदद कर सकता है जिस पर एक सांख्यिकीय मॉड्यूल को प्रशिक्षित किया जा सकता है।

उदाहरण पर आधारित मशीन अनुवाद (EBMT) एक दूसरी संरचना पद्धति है। इस संरचना पद्धति में युग्म के रूप में द्विभाषी वाक्यांश/वाक्य डेटाबेस में रखे जाते हैं। स्रोत भाषा के वाक्य/वाक्यांश डेटाबेस में स्थित सबसे अधिक नजदीकी वाक्य/वाक्यांश से मिलाये जाते हैं। इस प्रकार के मशीन अनुवाद की गुणवत्ता सबसे अधिक होती है। दुर्भाग्य से, इस प्रकार के यंत्र की उपयुक्तता छोटे पैमाने पर तो सिद्ध हो चुकी है, परन्तु यदि इस प्रणाली का उपयोग बड़े पैमाने पर अनियंत्रित दस्तावेजों के लिए करना हो तो क्या यह यंत्र उसी क्षमता से काम करेगा जिस क्षमता से छोटे पैमाने पर काम करता है, इसमें सन्देह है। वास्तविक रूप से इस प्रकार यह एक अनियंत्रित विशाल डाटाबेस बन जाता है। वस्तुतः उदाहरण आधारित यंत्र एवं नियमाधारित यंत्र का संयोजन एक व्यावहारिक समाधान है। इस प्रकार का संकरित यंत्र भाषा के सामान्य तत्त्वों के लिए नियमाधारित प्रणाली का एवं विशेष तत्त्वों के लिए उदाहरण आधारित प्रणाली का उपयोग करता है। यह डेटाबेस को नियंत्रित करने में तथा नियमों की बढ़त पर नियंत्रण करने में सहायक होता है।

## भारत में मशीन अनुवाद के प्रयास

भारत में मशीन अनुवाद के कार्य कई समूहों द्वारा संचालित हैं। भारत में पहला प्रकाशित कार्य 1966 में चक्रवर्ती के द्वारा किया गया था। तंजौर में एक अनुसन्धान समूह ने 1985 में रूसी से तमिल में साक्षात्-संरचना-पद्धति (Direct Approach) के आधार पर मशीन अनुवाद यंत्र बनाने का प्रयास किया था और पहले यंत्र ने सरल वाक्यों का अनुवाद किया था। 90 के दशक में देश के विभिन्न भागों में कई

अनुसन्धान समूह मशीन अनुवाद पर काम कर रहे थे। NCST (National Center for Software Technology) के एक समूह ने अंग्रेजी समाचारों का हिन्दी अनुवाद करने के लिए मात्रा (Machine Translation) नामक यंत्र बनाया। मात्रा-2 अंग्रेजी से भारतीय भाषाओं (वर्तमान में हिन्दी) में अनुवाद के लिए अनुवादकों की सहायता के लिए बनाया गया एक अनुवादक यंत्र है। मात्रा-2 की प्रमुख विशेषता है कि अनुवादक अंग्रेजी के क्लिष्ट वाक्यों को सरल बनाकर या छोटे-छोटे टुकड़े में इस यंत्र को देता है ताकि अनुवादक यंत्रजनित अनुवाद को आगे उपयोग में ला सके।

C-DAC के एक समूह ने मशीन अनुवाद पर प्रारम्भिक कार्य किया। लेकिन उस समूह ने संस्कृत के संसाधन पर ध्यान केन्द्रित किया था। 90 के उत्तरार्ध में C-DAC ने अंग्रेजी हिन्दी मशीन अनुवाद यंत्र पर काम शुरू किया। उसने अनुवाद के लिए एक विशिष्ट क्षेत्र को चुना—कार्यालयीय पत्र व्यवहार। C-DAC द्वारा बनाया हुआ मंत्र-राजभाषा एक यंत्र साधित अनुवाद उपकरण है, जो राजभाषा के प्रशासनिक, वित्तीय, कृषि, लघु उद्योग, सूचना प्रौद्योगिकी, स्वास्थ्य रक्षा, शिक्षा एवं बैंकिंग क्षेत्रों के दस्तावेजों का अंग्रेजी से हिन्दी में अनुवाद करता है। मंत्र टेक्नोलॉजी पर आधारित यह उपकरण सी-डैक, पुणे के एप्लाइड आर्टिफिशियल इंटेलीजेंस ग्रुप द्वारा विकसित किया गया है। भारत सरकार के गृह मंत्रालय के राजभाषा विभाग द्वारा प्रायोजित मंत्र-राजभाषा स्टैंडएलोन, इंट्रानेट और इंटरनेट संस्करणों को विकसित किया गया है। मंत्र भारत सरकार के सभी मंत्रालयों तथा विभागों में हिन्दी अनुवाद में लगाया गया है। उसी समय आईआईटी कानपुर के एक दूसरे समूह ने अंग्रेजी से भारतीय भाषाओं के लिए 'आंग्ल-भारती' एवं भारतीय भाषाओं के मध्य 'अनु भारती' इन दो यंत्रों का विकास किया। जन स्वास्थ्य अभियानों में प्रयुक्त दस्तावेजों की भाषा अधिकांशत: अंग्रेजी होती है। इन दस्तावेजों के हिन्दी अनुवाद के लिए भारतीय प्रौद्योगिकी संस्थान, (IIT) कानपुर में विकसित 'आंग्लभारती' प्रणाली का प्रयोग किया गया है।

पूरी तरह से स्वचालित (Fully Automatic), उच्च गुणवत्ता युक्त (High Quality), किसी भी क्षेत्र का अनुवाद करने की क्षमता रखने वाली मशीन अनुवाद प्रणाली अब भी एक दूर का स्वप्न है। परन्तु इनमें से एक या अधिक विशेषणों को हटाने से कदाचित् ऐसा यंत्र बनाना सम्भव होगा, इस धारणा को ध्यान में रखकर विविध समूहों द्वारा प्रयत्न किए गए। उदाहरण के लिए : C-DAC जैसे कुछ समूहों ने विशिष्ट क्षेत्र को चुना और पूर्ण स्वचालित एवं उच्च गुणवत्ता युक्त अनुवादक बनाने का प्रयत्न किया। NCST जैसे समूहों ने पूर्ण स्वचालित न हो परन्तु किसी भी क्षेत्र के पाठ को अनुवादित करने के लिए पूर्व सम्पादन की सहायता से यंत्र

बनाए। इन दोनों संरचना पद्धतियों का ध्यान अनुवाद पर केन्द्रित है। अनुवाद प्रणाली का मुख्य उद्देश्य अन्य भाषाओं में उपलब्ध जानकारी का उपयोग करना होता है। अनुसारक अथवा Language Accessor एक तीसरी संरचना पद्धति है जिसका मुख्य उद्देश्य स्रोत ग्रन्थ तक पहुँचना है, इसलिए यह 'उच्च गुणवत्ता' को सीमित कर शुद्धता को प्रमुखता देता है।

भारतीय प्रौद्योगिकी संस्थान, (IIT) मुम्बई के मशीन अनुवाद के प्रयास में सेतु-भाषा (Interlingua) का उपयोग किया गया। Universal Networking Language (UNL) का मध्यस्थ भाषा के रूप में प्रयोग किया गया। अंग्रेजी/हिन्दी एवं मराठी से UNL एवं UNL से हिन्दी/मराठी यंत्र उपलब्ध हैं। सभी शब्दकोश एवं नियम बनाए जा रहे हैं। वर्तमान में 5000 नियम व्यापक रूप से भाषाविषय को संचालित कर रहे हैं। अंग्रेजी-हिन्दी मशीन अनुवाद यंत्र Concept Based शब्दकोश का उपयोग कर रहा है जिसमें लगभग 80,000 शब्द हैं।

हैदराबाद विश्वविद्यालय के संगणक-विज्ञान-विभाग (Computer Science Department) ने Universal Clause Structure Grammar (UCSG) पर आधारित मशीन अनुवाद यंत्र को विकसित किया था। इस यंत्र का प्रयोग कर्नाटक बजट दस्तावेज का अंग्रेजी से कन्नड़ में अनुवादित करने के काम में किया गया था।

Anna University की एक शाखा के.बी. चन्द्रशेखर अनुसन्धान, तमिल-हिन्दी एवं अंग्रेजी-तमिल मशीन अनुवाद पर कार्य कर रही है। इस केन्द्र में, तमिल के विश्लेषण के लिए कई अन्य उपकरण जैसे Finite State Transducer आधारित शब्दविश्लेषक (Morphological), नामपद परिचायक (Named Entity Recogniser) एवं सामान्य वाक्यविश्लेषक (Parser) को (Phrase Structure Grammar) के आधार पर बनाया गया है।

आईआईएससी के सहयोग से आईआईटी, बंगलूरू ने भी उदाहरण पर आधारित मशीन अनुवाद पर कार्य शुरू किया। यह मशीन अनुवाद (Transfer Grammars) और (Transfer Lexicon) को स्वचालित समझने की क्षमता रखता था।

IBM India Research Lab ने अंग्रेजी एवं भारतीय भाषाओं के मध्य सांख्यिकीय विधि से मशीन अनुवाद पर कार्य किया। एक अन्य स्वायत्तशासी संस्थान Super Infosoft Pvt. Ltd. ने अनुवाक नाम का एक मशीन अनुवाद बनाया, जो सामान्य उद्देश्य से अंग्रेजी से हिन्दी में अनुवाद का कार्य करता था। इस अनुवादक में पर-सम्पादन अपेक्षित था। हाल ही में Google ने भी अंग्रेजी एवं हिन्दी के लिए एक मशीन अनुवाद उपलब्ध करवाया है। यह यंत्र सांख्यिकीय तत्त्वों के आधार पर कार्य करता है, यंत्र के पास जितना अधिक समांतर Corpus (अंग्रेजी वाक्य और उसका हिन्दी अनुवाद) हो उतना उसका निर्गम भी अधिक अच्छा होता है।

## अनुसारक अथवा Language Accessor

आईआईटी कानपुर में अक्षर भारती समूह ने भारतीय भाषाओं पर ध्यान केन्द्रित किया और कन्नड़ ग्रन्थों को हिन्दी माध्यम से समझने के लिए 'अनुसारक' नामक प्रणाली को प्रस्तुत किया। CALTS हैदराबाद विश्वविद्यालय के सहयोग से 'अनुसारक' यंत्र विकसित किया गया जो कि पाँच भारतीय भाषाओं (कन्नड़, तेलुगु, मराठी, बंगला एवं पंजाबी से हिन्दी) पर कार्य करता था। अनुसारक यंत्र सूचना परिरक्षण (Information Preservation) सिद्धान्त पर आधारित है। परिणामस्वरूप अनुसारक निर्गम (Output) स्रोत भाषा के व्याकरण का अनुकरण करता है। इसलिए सूचना के उपयोग से पहले अनुसारक यंत्र का उपयोग करने के लिए पाठक को एक छोटे से प्रशिक्षण की आवश्यकता होती है। अनुसारक लक्ष्य भाषा में प्रत्येक इकाई के लिए सार्थक शब्द 'Glosses' प्रदान करता है। ऐसी स्थिति में जहाँ अर्थ सामान्य या बहुत विशिष्ट है, कुछ विशेष चिह्नों के माध्यम से 'चाहे वे संकीर्ण अर्थ वाले हों या विस्तारित अर्थ वाले' संचालित किए जाते हैं। इसके लिए एक सूत्र बनाया जाता है जिसे 'शब्दसूत्र' कहा जाता है। जो अनेकार्थ (Polysemous) शब्दों को भाव से जोड़ता है। सूत्र विश्वसनीय है और स्पष्ट रूप इन विभिन्न भावों के बीच के सम्बन्ध का प्रतिनिधित्व करता है। वस्तुतः अनुसारक स्रोत भाषा के व्याकरण को जानने के कारण दो भाषाओं के मध्य व्यत्यय को पहचानने में मदद करता है। इस प्रकार से यह स्वचालित मशीन अनुवाद बनाने में मील का पत्थर सिद्ध हो सकता है। अक्षर भारती समूह ने 90 के दशक में तेलुगु, कन्नड़, मराठी, पंजाबी, बंगला से हिन्दी के लिए अनुसारक बनाए और उनके Beta Versions GPL के तहत विमोचित किए गए हैं।

## अग्रिम विकास

भारतीय भाषाओं के लिए मशीन अनुवाद यंत्र बनाने में सबसे बड़ी अड़चन भारतीय भाषाकोश संसाधनों की कमी है। 21वीं सदी की शुरुआत में भारत में मशीन अनुवाद के कार्य में बड़े बदलाव दिखे। कई समूहों ने मशीन अनुवाद के लिए विभिन्न कोश संसाधनों के विकास की प्रक्रिया प्रारम्भ की। सांख्यिकीय पद्धति से निर्मित मशीन अनुवाद की सफलता से वैज्ञानिकों को एवं प्रौद्योगिकविदों (Technologists) को भारतीय भाषा में ऐसे यंत्रों को बनाने में उत्साह प्रदान किया है। इसके कारण पूरे भारत में NLP के क्षेत्र में काम कर रहे समूहों में एक नई क्रान्ति ला दी है। भाषा उपकरणों और संसाधनों के निर्माण हेतु अनुसन्धान के लिए केन्द्र सरकार द्वारा समूहों को प्रेरित किया गया। हालाँकि ये प्रयास और गैर मानकीकरण के दोहराव की एक बड़ी समस्या के लिए आगे आए। विविध भारतीय भाषाओं में

कई स्तर पर साम्य है, इस कारण भाषा संसाधन उपकरणों को प्राय: एक बार विकसित किया जा सकता है और अन्य भारतीय भाषाओं के लिए प्रयुक्त किया जा सकता है। विविध अनुसन्धान समूहों के द्वारा चल रहे प्रयासों के दोहराव को रोकने के लिए एवं मानकीकरण लाने के हेतु से 2006 में अनुसन्धान समूह की एक अवधारणा को सामने रखा गया। इसके अन्तर्गत विभिन्न संशोधक साथ में काम करते हैं और संशोधित परिणाम एवं संसाधनों को आपस में उपलब्ध करा देते हैं। मशीन अनुवाद के क्षेत्र में ऐसे पाँच समूहों का गठन किया गया। एक समूह जो कि आधुनिक भारतीय भाषाओं के मध्य मशीन अनुवाद यंत्र पर, दूसरा संस्कृत से हिन्दी मशीन अनुवाद यंत्र पर, दो समूह अंग्रेजी से हिन्दी मशीन अनुवाद पर और एक Cross Lingual Information Access यंत्र पर कार्य कर रहा है। इसके अलावा विभिन्न भाषाओं के लिए Coupus निर्माण पर एक समूह कार्य कर रहा है। वार्तालाप को सीधे अनुवाद करने की दृष्टि से Speech Technology में कुछ संशोधक कार्यरत हैं तो हाथ से लिखी लिखावट को समझने के लिए Optical Character Recognition पर एक समूह कार्य कर रहा है।

## मशीन अनुवाद की स्थिरता

वर्ल्ड वाइड वेब के माध्यम से सामग्री के प्रवाह को देखते हुए अनुवाद के लिए माँग बढ़ रही है और मशीन अनुवाद ही इस माँग के लिए सम्भावित उत्तर है। प्राय: मशीन अनुवाद यंत्र सामान्य प्रयोजन के लिए विकसित किए गए। कुछ विशिष्ट क्षेत्र के लिए बनाए गए यंत्र बेहतर प्रदर्शन दे रहे हैं क्योंकि उनका निर्माण उस विशिष्ट क्षेत्र की भाषा को ध्यान में रखते हुए किया गया है। हालाँकि अनुवाद करने के लिए एक कोई विशिष्ट क्षेत्र चुनना ही एक बहुत ही कठिन कार्य है। शायद ही हमें ऐसा विशिष्ट क्षेत्र जिसमें सीमित शब्द एवं वाक्य रचना हो मिल सके। TAUM-METEO, TITUS, CULT और PaTrans ये कुछ सफल मशीन अनुवाद हैं, जो विशिष्ट क्षेत्र के लिए बनाए गए हैं। इन विशिष्ट मशीन अनुवाद की सबसे बड़ी कमी यह है कि ये किसी विशिष्ट वाक्य रचना के लिए अथवा विशिष्ट शब्दावली पर आधारित होने के कारण जब इनका क्षेत्र बढ़ाते हैं तो उनके निर्गम के स्तर में गिरावट आती है और बढ़ाए गए क्षेत्र की वाक्यरचना एवं शब्दावली को ऐसे यंत्र में समाविष्ट करना आसान नहीं होता।

इस प्रकार हम देखते हैं कि शुरुआत के वर्षों में मशीन अनुवाद की कठिनाइयों को बड़े पैमाने पर अनगिना किया था। जिस प्रकार 18वीं सदी के वैज्ञानिक जो कि यह मानते थे कि एक प्रकार की ऊर्जा को दूसरे प्रकार की ऊर्जा में परिवर्तित करने पर ऊर्जा की क्षति नहीं होगी और इस कारण ऐसे यंत्र बनाए जा सकते है जिन्हें एक बार ऊर्जा देने पर वे सतत चलते रहेंगे। जबकि बाद में यह सिद्ध हुआ कि ऊर्जा को

परिवर्तित करने पर उसकी क्षति तो होगी ही। उसी प्रकार NLP अनुसन्धाता जो कि यह जानते हैं कि स्रोत भाषा का अनुवाद यथावत् लक्ष्य भाषा में नहीं हो सकता फिर भी वे उत्साहपूर्वक मशीन अनुवाद यंत्र बनाने में यत्लपूर्वक लगे हुए हैं। उनके उत्साह में कमी न होने का कारण, सांख्यिकीय प्रणाली का प्रादुर्भाव, संगणकीय भाषाविज्ञान में प्रगति, अत्याधुनिक कम्प्यूटर हार्डवेयर इत्यादि की उपलब्धि है। वर्तमान में NLP, संगणकीय भाषाविज्ञान (Computational Lingusistics) एवं Cognitive Science के हजारों अनुसन्धाता सिद्धान्तों एवं यंत्रों के माध्यम से भाषा को विश्लेषित करने में लगे हुए हैं।

## मशीन अनुवाद में समस्याएँ

यद्यपि अनुवाद शास्त्र के सिद्धान्त 'अनुवाद की सम्भावना' के बारे में अभी भी उलझन में हैं। यह सच है कि अनुवाद के कार्य निरन्तर चल रहे हैं। अनुवाद की प्रक्रिया के दो अंग हैं—पहला, स्रोत भाषा को अच्छी प्रकार से समझना और दूसरा, उसे लक्ष्य भाषा में प्रस्तुत करना। अनुवाद में इस तरह से सूचना Decoding और Encoding सम्मिलित हैं। जब हम मानव से मशीन अनुवाद की ओर जाते हैं, प्रारम्भिक स्तर पर ही अप्रत्याशित समस्याएँ आती हैं। अनुवाद प्रस्तुत करते समय ऐसी समस्याएँ यंत्र द्वारा देखी जाती हैं जो कि मानव अनुवादकों द्वारा सोची भी नहीं गई हों। इन सब कठिनाइयों के पीछे जो कारण हैं उनको Information Processing की दृष्टि से यहाँ प्रस्तुत किया जा रहा है। प्रथम हम देखेंगे Deconding प्रक्रिया जिसमें स्रोत भाषा के पाठ का विश्लेषण किया जाता, उसमें क्या समस्याएँ आती हैं। अनन्तर प्राप्त विश्लेषण को दूसरी भाषा में व्यक्त करने में जो समस्याएँ आती हैं उनकी ओर ध्यान देंगे और अन्त में लक्ष्य भाषा में भाव व्यक्त करने में जो कठिनाइयाँ आती हैं उन पर विचार करेंगे।

### (अ) डिकोडिंग सरल क्यों नहीं है

किसी भी भाषा में हमेशा संक्षिप्तता (Brevity) और विश्वसनीयता (Faithfullness) के बीच वैमत्य होता है। भाषा की नैसर्गिक प्रकृति लगातार अस्पष्टता से बचने और सही अर्थ व्यक्त करने का प्रयास करती रही है। यदि किसी बात को स्पष्ट रूप से कहना है बिना किसी संदिग्धता के तब पाठ न केवल बहुत लम्बा हो जाता है, बल्कि मुख्य मुद्दों पर ध्यान भी केन्द्रित नहीं हो पाता है। जबकि संक्षिप्तता से ध्यान केन्द्रित करने में सहायता मिलती है। परन्तु पाठ संदिग्ध हो सकता है। कोई भी भाषा सामान्यत: स्पष्टता की अपेक्षा संक्षिप्तता को स्वाभाविकता से अपनाती है।

इस संक्षिप्तता के कारण, भाषा में सूचना केवल आंशिक रूप से ही व्यक्त होती

है। इसके कारण कभी वाक्यविन्यास के स्तर पर तो कभी शब्दरूप के स्तर पर तो कभी शब्दार्थ के स्तर पर संदिग्धता उत्पन्न होती है। स्पष्टता के लिए यहाँ हम कुछ उदाहरण प्रस्तुत करेंगे।

## ( 1 ) वाक्य विन्यास के स्तर पर अस्पष्टता

वाक्य में एक से अधिक शब्द होते हैं जो आपस में अर्थ की दृष्टि से जुड़े हुए होते हैं। वाक्यार्थ निर्धारण के लिए शब्दों के बीच के इन सम्बन्धों को पहचानना आवश्यक है। अंग्रेजी जैसी भाषा में पद-समूह को पहचानना भी जरूरी होता है। वैसे ही वाक्य में यदि Punctuation चिह्न नहीं हैं तो भी सही अर्थ निकालने में कठिनाई हो सकती है।

उदाहरण : (1) अंग्रेजी का बहुचर्चित उदाहरण देखिए

Time files like an arrow

कोई सामान्य वाक्य विश्लेषक इस वाक्य के अनेक विश्लेषण प्रस्तुत करता है, जबकि मानव को जब तक अस्पष्टता के बारे में बताया नहीं जाता तब तक तो उसे यह अस्पष्टता दिखाई भी नहीं देती। इस वाक्य का सबसे स्वाभाविक विश्लेषण 'Time passes away speedily'है। परन्तु यंत्र के द्वारा कई अन्य विश्लेषण प्रस्तुत किए जाते हैं। अंग्रेजी में, क्रिया के रूप में संज्ञा शब्द का उपयोग बहुत ही स्वाभाविक रीति से प्रयुक्त होता है। इसके कारण एक ही शब्दरूप के कई अर्थ हो सकते हैं। ठीक वैसा ही उपर्युक्त उदाहरण में भी है। Time, Flies और Like ये शब्द रूप शब्द की एक से अधिक जातियों को बताते हैं। Times शब्द की सन्दर्भ के अनुसार 3 अलग-अलग जातियाँ (POS) हो सकती हैं। जैसा कि सारणी में दिखाया गया है।

| Time | Flies | Like |
|---|---|---|
| Adj | Noun | Verb |
| Verb | Verb | Prep. |
| Noun | | |

जबकि Flies शब्द की 2 एवं Like शब्द की 2। इस कारण अब पद समूह की सीमा निश्चित करना कठिन होता है। यदि Time शब्द की जाति Adj है, तो वह अगला शब्द Flies के साथ जुड़ जाएगा, यदि Time की जाति Verb है तो वह शब्द अलग रहेगा इस प्रकार उपरोक्त वाक्य से निम्नलिखित विश्लेषण सम्भव हो सकते हैं :

| | | | | |
|---|---|---|---|---|
| 1. Time | Flies | Like | An | Arrow- |
| V | N | Prep. | | |

मक्खियों की उड़ान को तीर की भाँति नापो।

2. Time Flies Like An Arrow-

Ajd N V

समय-मक्खियाँ तीर को पसन्द करती हैं।

3. Time Flies Like An Arrow-

N V Prep.

समय तीर की भाँति उड़ता है।

इससे स्पष्ट है कि बिना सन्दर्भ को ध्यान में रखे हुए हम किसी भी वाक्य का अनुवाद नहीं कर सकते। सन्दर्भ अनुवाद को नियंत्रित करता है।

उदाहरण : (2) संरचनात्मक अस्पष्टता का एक उदाहरण संस्कृत में देखते हैं :

संस्कृत : पिता पुत्रेण सह ग्रामं गच्छति।

हिन्दी : पिता पुत्र के साथ गाँव जाता है।

संस्कृत : रामः दुग्धेन सह अन्नं खादति।

हिन्दी : राम दूध के साथ अन्न खाता है।

प्रथम वाक्य में 'पुत्रेण सह', 'पिता' के साथ सम्बन्धित है और द्वितीय वाक्य में 'दुग्धेन सह', 'अन्नं' के साथ सम्बन्धित है। यह सम्बन्ध प्रस्थापित करने में वाक्यविन्यास/संरचना नहीं बल्कि 'योग्यता' का ज्ञान आवश्यक है।

उदाहरण : (3) इसी प्रकार हिन्दी की कविता की एक पंक्ति देखते हैं

मीन मरे गहरे जल में कबहूँ न मरे जल से विलगाये।

उपर्युक्त पंक्ति को दो प्रकार से अन्वित किया जा सकता है :

मीन मरे गहरे जल में कबहूँ न, मरे जल से विलगाये।

मीन मरे गहरे जल में, कबहूँ न मरे जल से विलगाये।

उपर्युक्त दोनों ही अन्वितार्थ परस्पर विरुद्ध हैं।

## (2) द्योतक शब्दों की संदिग्धता

अंग्रेजी में कुछ ऐसे Preposition होते हैं जो संज्ञा-संज्ञा सम्बन्धों को और संज्ञा-क्रिया सम्बन्ध को चिह्नित करते हैं। हिन्दी के से, को, पर आदि परसर्ग दो शब्दों के बीच के सम्बन्ध को द्योतित करते हैं, इनमें से कुछ परसर्ग कई तरह के सम्बन्ध बताते हैं। उदाहरण के लिए 'से' परसर्ग 'करण' अर्थ एवं 'अपादान' अर्थ को बताने के लिए प्रयुक्त होता है, एवं 'का' परसर्ग न केवल दो संज्ञाओं के बीच सम्बन्ध प्रस्थापित करता है बल्कि कभी-कभी कारक सम्बन्ध भी बताता है। जैसे कि 'राम का वनगमन' अथवा 'हनुमान का लंकादहन'। यहाँ 'राम' एवं 'हनुमान' 'गमन क्रिया' एवं 'दहन क्रिया' के कर्ता हैं। हिन्दी की समस्या 'योग्यता' के

आधार पर हल की जा सकती है परन्तु अंग्रेजी में यह समस्या काफी तीव्र है। उदाहरण के लिए अंग्रेजी का यह वाक्य देखिए :

He saw a man on the hill with a telescope.

यहाँ समस्या पूर्वसर्गीय वाक्यांश (Preparational Pharase) को जोड़ने की है। यहाँ पर पूर्वसर्गीय वाक्यांश with a telescope किसके साथ जुड़े to saw के साथ, to a man के साथ या to the hill के साथ। प्रत्येक के साथ जुड़ने पर अर्थ बदल जाता है। जैसा कि नीचे दिया हुआ है—

उसने दूरबीन वाली पहाड़ी पर एक आदमी को देखा।
उसने पहाड़ी पर दूरबीन के साथ एक आदमी को देखा।
उसने पहाड़ी पर एक आदमी को दूरबीन से देखा।

यहाँ पर एक जगह with कारक सम्बन्ध बताता है और दूसरी दो जगह संज्ञा के साथ का सम्बन्ध बताता है।

## ( 3 ) आर्थिक अस्पष्टता

विचार भाषा से स्वतंत्र एवं अनन्त होते हैं। हम जब विशिष्ट भाषा में शब्दों के द्वारा इन विचारों को व्यक्त करते हैं, लाघव के कारण अनेक सम्बन्धित अर्थों को एक ही शब्द से व्यक्त किया जाता है। जिससे एक शब्द अनेक अर्थ वाला हो जाता है। इसके अतिरिक्त अन्य भाषाओं से शब्द लिए जाते हैं। समयान्तराल में उन शब्दों के अर्थ भी बदल जाते हैं। जब ऐसे अनेकार्थ वाले शब्द वाक्य में प्रयुक्त होते हैं, केवल वाक्य के आधार पर, बिना सन्दर्भ को देखे, उनमें स्थित शब्दों के अर्थ का निर्णय करना मुश्किल होता है। उदाहरण के लिए यह वाक्य देखिए :

संस्कृत : सैन्धवम् आनय।
हिन्दी : नमक/घोड़ा लाओ।

इस वाक्य में 'सैन्धव' शब्द के व्युत्पत्ति से प्राप्त अर्थ है सिन्धु या सागर से उत्पन्न। नमक और घोड़ा दोनों सिन्धु से उत्पन्न होने के कारण दोनों के लिए 'सैन्धव' का प्रयोग होता है। अब 'सैन्धवम् आनय' इसका अर्थ यदि भोजन का प्रसंग है तो नमक और युद्ध के प्रसंग में घोड़ा उचित है। केवल वाक्य के स्तर पर बिना सन्दर्भ को जाने इस शब्द का अर्थ निर्णय करना असम्भव है।

English : He played well.
हिन्दी : उसने अच्छा बजाया/खेला/अभिनय किया

वैसे ही इस अंग्रेजी वाक्य में 'play' शब्द संदिग्ध है। उसका अर्थ, संगीत वाक्य के सन्दर्भ में बजाना, क्रीड़ा के सन्दर्भ में खेलना एवं नाटक के सन्दर्भ में अभिनय करना होता है।

इस प्रकार से अनेकार्थ शब्दों के अर्थ निर्धारण के लिए यंत्र को सन्दर्भ, शब्द ज्ञान, व्यावहारिक ज्ञान, सांस्कृतिक पृष्ठभूमि इत्यादि की आवश्यकता होती है, पर निश्चित रूप से यह नहीं कहा जा सकता कि इतना ज्ञान अर्थनिर्धारण में पर्याप्त होगा।

### ( 4 ) सूचनाएँ अनिश्चित दूरी तक कोड करती हैं

पिछले भाग में हमने जो उदाहरण देखे वे सब स्वतंत्र वाक्य थे। कभी-कभी वाक्य में कुछ ऐसे शब्द होते हैं जिनके अर्थनिर्धारण के लिए उस वाक्य से जुड़े अन्य वाक्य को भी ध्यान में लेना पड़ता है। इस तरह के शब्द सामान्यत: साम्बन्धिक सर्वनाम की कोटि में आते हैं। साम्बन्धिक सर्वनामों के अर्थनिर्धारण की प्रक्रिया भाषाविज्ञान के क्षेत्र में Anaphora Resolution के नाम से जानी जाती है। सामान्यत: साम्बन्धिक सर्वनाम जिस संज्ञा को दर्शाता है वह संज्ञा वाक्य के पूर्व किसी वाक्य में मिलती है। परन्तु कभी-कभी किसी साम्बन्धिक सर्वनाम को दर्शाने वाली संज्ञा बहुत दूर तक भी हो सकती है। उदाहरण के लिए : हिन्दी भाषा में चन्द्रधर शर्मा गुलेरी द्वारा लिखित प्रसिद्ध कथा है—'उसने कहा था'। यहाँ पर सम्पूर्ण कथा को पढ़ने के बाद पता लगता है कि 'उसने' शब्द स्त्री के लिए प्रयुक्त हुआ है न कि पुरुष के लिए।

इस प्रकार हम देखते हैं जब यंत्र को किसी एक पाठ का अनुवाद करना है तो डिकोडिंग के स्तर पर ही कई समस्याएँ खड़ी हो जाती हैं।

### ( आ ) पारभाषिक सूचना परिवर्तन समस्या

एक बार स्रोत भाषा में सूचना की डिकोडिंग की गई, द्वितीय स्तर पर वह लक्ष्य भाषा से मिलाई जाती है। स्रोत भाषा एवं लक्ष्य भाषा के मध्य में स्थित व्यत्यय इस प्रकार के परिवर्तन में समस्याएँ उत्पन्न करता है। इन व्यत्यय के बारे में मशीन अनुवाद एवं मानवानुवाद के सन्दर्भों में कई लोगों ने अध्ययन किया है। व्यत्यय अध्ययन एन्कोडिंग के विभिन्न पहलुओं की भिन्नता को देखता है। लिंग, वचन, पुरुष आदि व्याकरण की विशेषताओं का उपयोग, उनका विस्तार एवं उनकी अभिव्यक्ति आदि पहलुओं की भिन्नता, वाक्यविन्यास, अर्थविज्ञान, प्रकरण ज्ञान आदि स्तरों पर देखी जाती है।

शब्द एवं वाक्य दोनों भाषा की संरचना में महत्त्वपूर्ण भूमिका निभाते हैं। विभिन्न व्याकरणिक विशेषताओं के माध्यम से उनका अध्ययन किया जाता है। जबकि कोई भाषा सूचना की कोडिंग केवल आंशिक रूप से करती है तब पाठक अपना शब्दज्ञान एवं विषय ज्ञान की सहायता से स्रोत भाषा को समझता है। यह मान लिया जाए कि वही व्यवहार ज्ञान और विषय ज्ञान लक्ष्य भाषा के पाठक के पास

भी उपलब्ध है, ऐसी स्थिति में स्रोत भाषा की लक्ष्य भाषा में स्थित छाया से पाठक को पाठ समझने में सहायता मिलनी चाहिए। लेकिन ऐसा नहीं होता है। क्योंकि दो भाषाएँ एक ही प्रकार से सूचनाओं को कोड नहीं करतीं। निम्नलिखित अंग्रेजी वाक्य और उसके हिन्दी अनुवाद को देखिए :

English : He is there
हिन्दी : वह वहाँ है

हालाँकि उपर्युक्त दोनों वाक्य अर्थ की दृष्टि से एक–दूसरे के तुल्य हैं, इन दोनों वाक्यों में सूचना सामग्री समान नहीं है। अंग्रेजी में 'He' सर्वनाम प्रथम पुरुष एकवचन होते हुए पुल्लिंग की सूचना भी देता है जो कि हिन्दी के 'वह' में लिंग की सूचना का अभाव है।

कोडिंग की विसंगति अनेक स्तर पर दिखाई देती है—शब्द के स्तर पर, वाक्य के स्तर पर, वाक्यविन्यास में, भाषा जिस संस्कृति की पहचान है उस संस्कृति में। संस्कृति में भिन्नता के कारण शब्द से प्रकरण तक किसी भी स्तर पर परिवर्तन हो सकता है। हम यहाँ केवल शब्द स्तर पर एवं वाक्य स्तर के व्यत्यय के बारे में चर्चा करेंगे।

### ( 1 ) शाब्दिक स्तर पर व्यत्यय : (Divergence at Word Lavel)

भिन्न–भिन्न धारणाएँ और वास्तविकता की मानसिक स्थिति, एक भाषा के शब्दों का दूसरी भाषा के शब्दों के साथ मिलान (Mapping) विभिन्न प्रकार से करती हैं। कुछ उदाहरणों के द्वारा हम इन बिन्दुओं पर चर्चा करेंगे।

दो भाषाओं को देखते हुए शब्द के स्तर पर निम्नलिखित सम्भावनाएँ हो सकती हैं :

**( 1.1 ) शब्दाभाव (Laxical Gap) :** किसी बात को दूसरी भाषा में स्पष्ट करने के लिए शब्द की न्यूनता ही शब्दाभाव कहलाता है। यह शब्दाभाव वाचक शब्द एवं द्योतक शब्द दोनों स्तर पर हो सकता है। जैसे कि : तकनीकी शब्द जैसे Transducer, Electricity, Genes आदि वाचक शब्द हैं और हिन्दी में हमें इनके लिए नए शब्दों का निर्माण करना पड़ता है और कई बार यह कार्य दुष्कर होता है। अंग्रेजी में 'a', 'an' और the इन शब्दों का 'determiner' के तौर पर प्रयोग होता है। परन्तु हिन्दी भाषा की प्रकृति में इसका अभाव होता है। वैसे ही तेलुगु में किसी भी विशेषण से क्रियाविशेषण बनाने के लिए 'गा' नामक प्रत्यय का प्रयोग होता है। परन्तु हिन्दी में ऐसे प्रत्यय का अभाव है। ऐसी स्थिति में जब वाक्य में ऐसे शब्दों का अथवा प्रत्ययों का प्रयोग होता है, वाक्य का अनुवाद दूसरी भाषा में करना कठिन होता है।

**( 1.2 ) एक से एक का मिलान (One to One Mapping) :** अनुवाद की दृष्टि से इस तरह के शब्द जिनके लिए दूसरी भाषा में एक ही प्रतिशब्द है। अनुवाद की दृष्टि से सरल सिद्ध होते हैं। विशेष रूप से व्यक्तिवाचक संज्ञा, शरीर के अंगों के नाम, संख्या आदि इस वर्गीकरण में आते हैं।

**( 1.3 ) एक से अनेक और अनेक से एक का मिलान (One to many and many to one mappings) :** यदि अनुवाद की दिशा बदलते हैं तो एक से अनेक मिलान अनेक से एक में परिवर्तित हो जाता है और इसलिए हम दोनों के बारे में साथ ही बता दें। उदाहरण के लिए अंग्रेजी का शब्द 'Uncle' देखिए :

अंग्रेजी में 'Uncle' शब्द पिता के ( बड़े या छोटे ) भाई, माँ का भाई, मौसा एवं फूफा के लिए प्रयुक्त होता है। हिन्दी इन सम्बन्धों में से प्रत्येक के लिए अलग-अलग शब्द का प्रयोग है। एस्किमो (Eskimo) लोगों की भाषा में बर्फ के लिए कई शब्द प्रचलित हैं। परन्तु हिन्दी भाषा में ice और snow के मध्य में भी भेद न करके दोनों के लिए बर्फ शब्द का ही प्रयोग करते हैं।

ऐसा लगता है कि अनुवाद की दृष्टि से अनेक से एक मिलान कोई समस्या नहीं है। वस्तुतः ऐसा नहीं है। अंग्रेजी में सर्वनाम में प्रथम पुरुष के लिए तीनों लिंगों में अलग-अलग शब्द हैं (he,she, it), लेकिन हिन्दी में केवल एक ही शब्द मिलता है। अब नीचे दिए हुए अंग्रेजी वाक्य एवं उसका हिन्दी अनुवाद देखिए :

English : He gave her book.
हिन्दी : उसने उसको पुस्तक दी।

जबकि अंग्रेजी में यह बात स्पष्ट है कि पुस्तक 'लड़के' ने 'लड़की' को दी, हिन्दी में यह स्पष्ट नहीं है। इस तरह से अनेक से एक मिलान (many to on mapping) के कारण कई बार स्रोत भाषा का असंदिग्ध पाठ लक्ष्य भाषा में संदिग्ध हो जाता है।

**( 1.4 ) परस्पर व्याप्त क्षेत्र ( Overlapped Regions ) :** खासकर जब दो भाषाएँ दो अलग-अलग परिवारों से हों, और/या दो अलग-अलग संस्कृतियों की हो तो शब्दों के आर्थिक क्षेत्र परस्पर व्याप्त क्षेत्र हो जाते हैं। उदाहरण के लिए अंग्रेजी का 'play' इस क्रिया के कई अर्थ हैं। जैसे कि उसका एक अर्थ है बजाना, जैसे कोई संगीत वाद्य, दूसरा अर्थ है खेलना, जैसे क्रिकेट आदि, तीसरा अर्थ है अभिनय करना नाटकादि में। अब हिन्दी में बजाना, खेलना आदि क्रियाओं को देखते हैं तो हम पाएँगे कि हिन्दी के इन शब्दों के कई ऐसे अर्थ हैं जहाँ अंग्रेजी के 'play' शब्द का उपयोग नहीं हो सकता है। जैसे कि हिन्दी में 'घंटा बजाना' होता है जहाँ अंग्रेजी में ring the bell कहेंगे और play शब्द का bell के साथ प्रयोग

नहीं होगा 'घंटा बजाना' के अर्थ में।

इस प्रकार हम देखते हैं कि ये भेद या तो दूसरी भाषा में उस तरह के concept के अभाव की वजह से हो रहा है अथवा concepts के स्तर पर एवं वर्गीकरण के स्तर पर हो रहा है। जहाँ डोमेन overlap हो रहे हों ऐसे स्थलों की अपेक्षा concepts की अनुपस्थिति अनुवाद की दृष्टि से अपेक्षाकृत सरल है। जब तक अर्थ की वास्तविक छाया को नहीं समझते तब तक अर्थ के अनर्थ होने की सम्भावनाएँ बनी रहेंगी एवं परस्पर संवाद टूट जाएगा।

## ( 2 ) वाक्य के स्तर पर व्यत्यय (Divergence at Sentence Lavel)

वाक्य के स्तर पर व्यत्यय के अध्ययन के लिए हमें भाषाओं की कोडिंग सूचना की गतिशीलता को देखना होगा। कोई भी भाषा सूचना को कहाँ कोड करती है और किस तरीके से सूचना कोड होती है? यदि दो भाषाएँ इन पहलुओं में से किसी एक से अलग हैं तो अनुवाद में समस्या उत्पन्न हो सकती है।

**( 2.1 ) भाषा सूचना को कहाँ व्यक्त करती है :** हम सब यह जानते हैं कि हिन्दी में कारक सम्बन्ध परसर्गों द्वारा व्यक्त होते हैं। परन्तु अंग्रेजी में subject अथवा object से। ये दो सम्बन्ध संज्ञा के क्रिया सापेक्ष स्थान से व्यक्त होते हैं और बाकी सम्बन्ध पूर्वसर्गों द्वारा व्यक्त होते हैं। जैसे कि यह अंग्रेजी वाक्य देखिए :

English : Rats kill cats.
हिन्दी : चूहे बिल्लियों को मारते हैं
छाया : Rats cats{acc.} Kill

यहाँ पर शब्दों के क्रियासापेक्ष स्थान से पता लगता है कि 'Rats' मारने वाले हैं और 'Cats' मरने वाले हैं। दूसरी तरफ हिन्दी इसी सूचना को व्यक्त करने के लिए विभक्ति चिह्नों का उपयोग करती है।

हिन्दी में ऐसे भी उदाहरण हैं जहाँ स्पष्ट रूप से विभक्ति चिह्न नहीं मिलते। जैसे :

हिन्दी : राम फल खाता है।
छाया : Ram fruits eats.
English : Rama eats fruits.

यहाँ सूचना यह प्राप्त होती है कि 'फल राम द्वारा खाया जाता है' यह स्पष्ट रूप से किसी भी मानसिक बोध द्वारा व्यक्त नहीं किया गया है, परन्तु हिन्दी पाठक को अस्पष्टता नहीं दिखाई देती क्योंकि वह योग्यता (फल यह खाने योग्य वस्तु है और राम में फल खाने की क्षमता है) के ज्ञान का उपयोग करके पाठ का उचित अर्थ निर्धारण कर लेता है।

**( 2.2 ) सूचना को कैसे व्यक्त किया गया है ? स्पष्ट तरीके से या अनुमानजन्य तरीके से :** संस्कृत में क्रियात्मक प्रत्यय 'क्त्वा' कर्ता के पूर्वकालिकत्व को बताता है। उदाहरण के लिए वाक्य को देखते हैं :

| | | |
|---|---|---|
| संस्कृत | : | रामः दुग्धं पीत्वा शालां गच्छति। |
| छाया | : | Rama milk having_drunk school_to goes |
| हिन्दी | : | राम दूध पीकर स्कूल जाता है। |

यहाँ पर जो जाने का कर्ता है वही पीने का भी कर्ता है यह सूचना किसी भी प्रत्यय या मानसिक बोध से व्यक्त नहीं हुई है बल्कि अनुमान से जन्य है। 'क्त्वा' प्रत्यय पूर्वकाल का द्योतक है और ऐसी स्थिति में संस्कृत में मुख्य क्रिया का कर्ता ही गौण क्रिया का भी कर्ता होता है।

तेलुगु का 'इ' प्रत्यय संस्कृत के 'क्त्वा' प्रत्यय के समीप है। संस्कृत में क्त्वा प्रत्यय पूर्वकालीन को दर्शाता है परन्तु तेलुगु का 'इ' प्रत्यय पूर्वकाल के साथ-साथ कार्य-कारण-भाव को भी दिखाता है। जैसा कि अग्रिम उदाहरण से स्पष्ट है :

| | | |
|---|---|---|
| तेलुगु | : | पामु करिचि बालुडु चच्चिपोयाडु |
| छाया | : | Snake having_bitten child died |
| हिन्दी | : | साँप के काटने से बच्चा मरा |

यहाँ इस वाक्य का अनुवाद 'साँप काटकर बच्चा मरा' नहीं कर सकते, क्योंकि हिन्दी में 'कर' प्रत्यय कार्य-कारण भाव का द्योतक नहीं है। इसी प्रकार अंग्रेजी का एक वाक्य देखते हैं :

| | | |
|---|---|---|
| English | : | Mohan dropped the melon and burst. |
| हिन्दी | : | मोहन ने तरबूज गिराया और फटा |

अंग्रेजी भाषा में कारकसम्बन्ध कारकों की क्रियासापेक्ष स्थिति से व्यक्त किया जाता है कि, मोहन फटा (Mohan burst)। इस प्रकार की संरचना subject sharing नाम से जानी जाती है। यहाँ भी 'Mohan' 'burst' क्रिया का subject है यह क्रियासापेक्ष स्थिति अथवा पूर्वसर्ग से नहीं व्यक्त हुआ है बल्कि यहाँ भाषा की प्रकृति के अनुसार उत्पन्न नियमों के आधार पर यह सूचना मिल रही है।

जब दो भाषाएँ अपनी संरचना के आधार पर अलग-अलग तरीके से सूचना को व्यक्त करती हैं, जबकि एक भाषा में सूचना अव्यक्त है और दूसरी में व्यक्त, तो अनुवाद करते समय अव्यक्त सूचना को व्यक्त रूप में परिवर्तित करना होगा। यदि अतिरिक्त भाषावैज्ञानिक ज्ञान नहीं हो तो यह इतना सरल भी नहीं है। इसलिए ऐसे मामलों में जहाँ दो भाषाएँ अपनी 'भाषा संरचना' की सूचना कोडिंग से भिन्न है वहाँ पर अनुवाद आसान नहीं होता है।

## ( इ ) इनकोडिंग के स्तर पर समस्याएँ

मूल पाठ को समझना एवं उसे दूसरी भाषा में प्रस्तुत करना अनुवाद कहलाता है। दूसरी भाषा में प्रस्तुत करने पर रचनात्मकता जुड़ जाती है। परन्तु दूसरी भाषा में मूलपाठ को व्यक्त करने का कोई विशिष्ट तरीका नहीं है। अनुवादक को जो तरीका ठीक लगता है उस तरीके के अनुसार अनुवाद होता है। विभिन्न अनुवादक भिन्न-भिन्न रीति से अनुवाद कर सकते हैं। लोगों की माँगें भिन्न हो सकती हैं और इसी कारण अनुवाद भी एक से अधिक हो सकते हैं। इस तरह की माँगों के कारण यंत्र के लिए उचित अनुवाद लोगों तक पहुँचाना और भी कठिन हो सकता है।

जैसा कि हमने महसूस किया है कि लाघव के कारण वाक्य में सूचना अंशतः व्यक्त हो जाती है जिसके परिणामस्वरूप अस्पष्टता उत्पन्न होती है एवं सूचना को समझने के लिए अतिरिक्त भाषिक ज्ञान की आवश्यकता पड़ती है। अतिरिक्त भाषा विश्लेषण के लिए सूचना के स्रोतों को ढूँढ़ने के लिए अतिरिक्त संसाधनों की आवश्यकता पड़ती है। ऐसे संसाधन बनने में अभी काफी समय लगेगा। दो भाषाओं के मध्य सूचना को व्यक्त करने के भिन्न मार्ग अनुवादक के कार्य को और अधिक कठिन बना देता है।

## सन्दर्भ


1. Bharati A., Chaitanya V., Sangal R.: Natural Language Processing: A Paninian Perspective. Prentice Hall of India, New Delhi, 1995.
2. Bharati A., Kulkarni A., Chaitanya V., Sangal R., Rao G. U.: Anusaaraka: Overcoming the Language Barrier in India. In Anuvaad, Sage Publishers, New Delhi, 2000.
3. Bharati A. and Kulkarni A.: Design and Architecture of anusAraka: An Approach to Machine. Translation Satyam Techical Review vol. 3, Oct. 2003.
4. Hutchins J.: Compendium of Machine Translation Software. Available from the International Association of Machine Translation (IAMT).
5. Kay M.: The proper place of men and machines in translation. Machine Translation 23., 1997.
6. King M. and Perschke S.: Machine Translation Today: The State of the Art. Edinburgh University Press., 1987.
7. Murthy K.N.: Natural Language Processing: An Information Access Perspective. New Delhi: Ess Ess Publications., 2006.
8. Narayana V. N.: Anusaraka: A Device to Overcome the Language Barrier. Ph.D. thesis, Dept. of CSE, I.I.T. Kanpur, 1994.
9. Nirenberg S.: Machine Translation: Theoretical and Methodological

Issues. Cambridge: Cambridge University Press., 1987.
10. http://www.iiit.net/ltrc/index.html
11. http://www.ncst.ernet.in/matra
12. http://www.tdil.gov.in
13. CMU's Link parser: ftp://ftp.cs.cmu.edu/user/sleator/link-grammar
14. General Public License: http://www.gnu.org/copyleft/gpl.txt
15. Minipar: http://www.cs.umanitoba.ca/lindek/minipar.htm

# मशीन-अनुवादक : बोधगम्यता एवं विधि-विश्लेषण

**महेन्द्र कुमार सी. पांडेय**

## ( 1 ) अनुवाद एवं अनुवादक

स्रोत भाषा में निरूपित विषयवस्तु का लक्ष्य भाषा में प्रतिबिम्बात्मक प्रतिरूप प्रस्तुत करना ही अनुवाद का उद्देश्य है, जो कि लक्ष्य भाषा के सीमांतगत परिप्रेक्ष्य और अनुवादक की बोधगम्यता पर आधारित होता है। इसलिए यह रूपान्तरित अनुसृजनात्मक अभिव्यक्ति है, जिसका निर्वाह अनुवादक अपनी कुशलता एवं सुविज्ञता से करता है। यदि विषयवस्तु *अर्थ* के रूप में अनुवाद की आत्मा है तो उसकी प्रतिबिम्बात्मक प्रतिरूप प्रस्तुति *शैली* के रूप में भौतिक शरीर है और दोनों का एकांगीकरण सजीव अनुवाद है, जिसका जनक अनुवादक है। स्पष्टत: अर्थ भावात्मक अभिव्यक्ति स्वरूप है और शैली शब्द चयन, वाक्य संरचना तथा प्रोक्ति की प्रस्तुति है। Bassnett (2002 : 43-44) ने अनुवाद प्रक्रिया के विषय में स्पष्ट रूप से कहा है कि, "Understanding of the processes can only help in the production and, since the production is the result of a complex system of decoding and encoding on the semantic, syntactic and pragmatic levels, it should not be evaluated according to an outdated hierarchical interpretation of what constitutes 'creativity'."

यदि तत्त्व चिन्तन की दृष्टि से देखें तो यह सरल और सुगम होते हुए भी रहस्यमय विधा है। इसीलिए सम्भवत: यह कहा जा सकता है कि अनुवाद के सन्दर्भ में सर्वप्रासंगिक सर्वोचित तथा सर्वमान्य लक्षण अथवा सिद्धान्त को आसानी से नहीं अपितु कभी भी निर्धारित नहीं किया जा सकता, क्योंकि यह वस्तुनिष्ठ होने के साथ-साथ विषयनिष्ठ होता है जो अलग-अलग सान्दर्भिक पृष्ठभूमि पर व्यक्ति विशेष भावोन्मुख होता है। Levy (1963) ने अनुवाद को परिभाषित करते हुए

कहा है कि "A translation is not a monistic composition, but an interpenetration and conglomerate of two structures. On the one hand there are the semantic content and the formal contour of the original, on the other hand the entire system of the aesthetic features bound up with the language of the translation."[1]

अनुवादक और अनुवाद का अत:सम्बन्ध एक सिक्के के दो पहलू की तरह कर्ता और कर्म का है, जिसका निर्वाह वह बड़ी ही कुशलता एवं कर्तव्यनिष्ठा से करता है। कर्तव्य-निर्वाह में आनेवाली समस्त कठिनाइयों का समाधान करते हुए वह मध्यस्थ-संवाहक के रूप में पाठक हेतु नए ज्ञान का आह्वान करता है, जिसका मूल्यांकन पाठक बड़ी ही सहजता से करता है।

## (2) मशीन-अनुवादक : कृत्रिम बोधगम्यता

आज मानव इस ज्ञान-विज्ञान के युग में अपने ज्ञान के समकक्ष कृत्रिम बुद्धि/ज्ञान का सृजन करके यंत्र-मानव की जीवन्त दुनिया का निर्माण कर रहा है और ऐसी स्थिति में अन्य शोधगत विकास की तरह यहाँ पर भी एक शाश्वत प्रश्न उठना स्वाभाविक है कि क्या मानव अपने इस निर्माण कार्य में सफल होगा? यद्यपि इसका उत्तर चल रहे शोध-विकास में निहित है, किन्तु यह कहना यथोचित ही होगा कि यह अभी शैशव अवस्था से बाल्यावस्था की ओर बढ़ रहा है। यदि ध्यान से देखें तो यह स्पष्ट एवं तथ्यगत हो जाता है कि मानव-अनुवादक तथा मशीन-अनुवादक के बीच काफी साम्य है और उनके बीच की समानता तथा अन्तर को स्पष्ट करने के लिए निम्नलिखित पाँच बिन्दुओं—अस्तित्व, उद्देश्य, प्रक्रिया, ज्ञान और प्रचालन पर विश्लेषणात्मक गहन अध्ययन करना आवश्यक हो जाता है।

*अस्तित्वगत* रूप से मानव को प्राकृतिक तत्त्वों एवं लक्षणों का एक ऐसा वरदान मिला है जिसके फलस्वरूप जीवन गर्भित रहस्यों के लक्षणा एवं व्यंजना दोनों पक्षों की समझ की क्षमता वह रखता है। यही मानव अपनी प्राकृतिक बुद्धि के माध्यम से एक ऐसी कृत्रिम बुद्धि आधारित मशीन-मानव या यांत्रिक-मानव (रोबोट) का सृजन कर रहा है जो धीरे-धीरे तथ्यगत निर्णय लेने का सामर्थ्य रखते हुए संवेदना की ओर बढ़ रहा है। मानव द्वारा किए गए तमाम आविष्कार सकारात्मक अथवा नकारात्मक रूप से ज्ञानवर्धक और सहायक सिद्ध होते हैं, जिनके माध्यम से वांछित उद्देश्यगत कार्य को पूरा करता है। अब मशीन-अनुवादक भी अपनी कार्यक्षमता की सीमा तक आवश्यक दस्तावेजों अथवा पाठों का अनुवाद करने लगा है।

मानव और मशीन में *प्रक्रियागत* स्वाभाविक भिन्नता होते हुए भी साम्यता है। किसी लिखित दस्तावेज अथवा वाचिक का अनुवाद या निर्वचन करते समय मानव-अनुवादक के मस्तिष्क में जाने-अनजाने निम्नलिखित सहज प्रक्रिया होती है।

- अनुवादक अपनी बुद्धिगत क्षमता के आधार पर स्त्रोत भाषा के पाठ के मूल सन्दर्भ को ध्यान से अनुगृहीत करता है जिसकी प्रक्रिया कभी-कभी उस पाठ में सन्दर्भित कुछ पारिभाषिक शब्दों के आंशिक अध्ययन से ही पूर्ण हो जाती है लेकिन कभी-कभी सम्पूर्ण पाठ के गहन अध्ययन के पश्चात् पूर्ण होती है, जबकि निर्वचन के सन्दर्भ में ज्यादातर वाक्य स्तर पर ही पूर्ण होती है। सम्भवतः मूल पाठ के कुछ तात्त्विक पहलू समझ-सीमा से बाहर हो सकते हैं।
- पाठ के सम्पूर्ण सन्दर्भ को समझने के बाद अनुवादक वाक्य स्तर पर व्याकरणिक एवं आर्थी संरचना का तथा शब्द स्तर पर शाब्दिक संरचना एवं उसके कोटि के साथ-साथ सन्दर्भित अर्थ का विश्लेषण करता है।
- इस प्रकार मूल पाठ के सन्दर्भ में स्त्रोत भाषा के भाषा एवं भाषेतर पक्ष का विश्लेषण करने के पश्चात् अनुवादक लक्ष्य भाषा के परिप्रेक्ष्य में भाषायी मर्यादा एवं अभिव्यक्ति के साथ-साथ सामाजिक तथा सांस्कृतिक पहलुओं को ध्यान में रखते हुए यथोचित समानता/साम्यता के आधार पर पाठ को अनुवादित करता है, जिसका प्रचालन तुल्यकालिक अथवा अतुल्यकालिक हो सकता है।

अनुवाद की उपरोक्त प्रक्रिया को देखते हुए प्राकृतिक भाषा संसाधन सम्बद्ध कृत्रिम बुद्धि के विकास में शोध करने वाले संगणकीय भाषावैज्ञानिकों और कम्प्यूटर वैज्ञानिकों के समक्ष यह मूलभूत प्रश्न था कि क्या मानव-बुद्धि की तरह प्रक्रियात्मक कार्य कर सके ऐसे कृत्रिम-बुद्धि का विकास किया जा सकता है? यदि हाँ, तो कैसे? चूँकि इस प्रश्न का उत्तर भाषा और कम्प्यूटर के क्षेत्र में शोध कर रहे दोनों वैज्ञानिकों से सम्बद्ध था इसलिए उत्तर भी अलग-अलग होना स्वाभाविक था, जो तंत्रिकीय, गणितीय, सांख्यकीय तथा भाषायी प्रक्रम पर आधारित था। प्रस्तुत आलेख अनुवाद के परिप्रेक्ष्य में भाषायी प्रक्रम पर आधारित कृत्रिम बुद्धि के विकास सम्बन्धी विभिन्न विधियों तथा प्रक्रम स्तरों पर ज्ञान सर्जन एवं उसके प्रबन्धन से आबद्ध है।

**(2.1) मशीन-अनुवाद : संसाधनगत घटक :** उपरोक्त उल्लिखित मानव साधित अनुवाद प्रक्रिया की जटिलता को कम्प्यूटर साधित अनुवाद प्रक्रिया

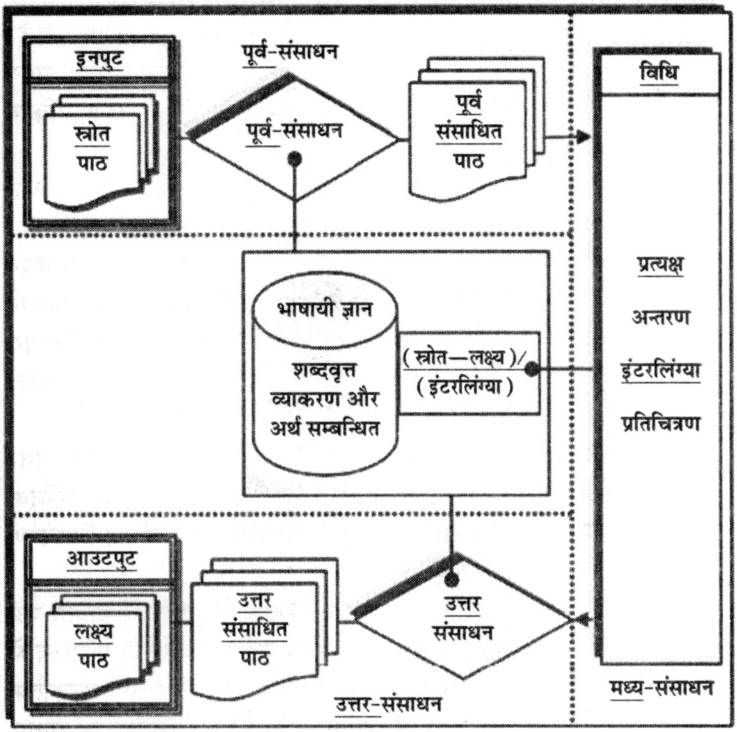


**चित्र : भाषायी ज्ञान आधारित मशीन अनुवाद प्रणाली प्रक्रम**

में परिवर्तित करने के लिए तार्किक भाषा-विश्लेषण की आवश्यकता पड़ती है, जिसका निर्वाह मानव अपने सहज एवं गहन ज्ञान के आधार पर कर लेता है। यह भी उल्लेखनीय है कि अनुवाद प्रक्रिया विभिन्न स्तरीय एवं अनुक्रमिक होते हुए भी अनुवादक अनुवाद कर रहे पाठ के किसी भी हिस्से में जाकर आवश्यक सन्दर्भ-सूचना प्राप्त कर सकता है, जो अभी कम्प्यूटर प्रणाली के लिए शोधगत है। यह एक वास्तविक तथ्य है कि स्रोत तथा लक्ष्य भाषाओं के विभिन्न स्तरीय भाषावैज्ञानिक घटकों का साम्य, तार्किक, विश्लेषणात्मक एवं संश्लेषणात्मक ज्ञान को बोधगम्य-प्रणाली के रूप में विकसित नहीं किया जाता तब तक कम्प्यूटर साधित अनुवाद एक प्रश्नचिह्न है। भाषायी ज्ञान आधारित मशीन अनुवाद प्रक्रिया को निर्दिष्ट चित्र के अनुसार तीन घटकों में विभाजित किया जा सकता है, जो इस प्रकार हैं—

- **पूर्व-संसाधन :** इसके अन्तर्गत कई विश्लेषणात्मक मॉड्यूल होते हैं,

जो नियमबद्ध तथा अनुक्रमिक रूप से कार्य करते हैं, जैसे नाम, पद, उपवाक्य तथा वाक्य पहचानक, संख्या तथा दिनांक पहचानक, वर्तनी जाँचक, टैगर, विभिन्न स्तरीय संदिग्धता आदि। विश्लेषणात्मक पहचान की सम्मिश्रता को इंगित करने वाले घटक को सम्पूर्ण सन्दर्भ के परिप्रेक्ष्य में आबद्ध नियमों के आधार पर प्रक्रमित किया जाता है अन्यथा वाक्य की पहचान गलत हो सकती है।

- **मध्य-संसाधन** : यह एक मध्य स्तरीय संसाधन है। इसके अन्तर्गत अलग-अलग विधियों जैसे प्रत्यक्ष, अन्तरण, इंटरलिंग्वा अथवा अनुक्रमिक व्याकरणिक प्रतिचित्रण के माध्यम से उनकी सीमा तथा विशेषता के अनुरूप अनुवाद होता है। इस प्रक्रिया को दो पक्षों में विभाजित किया जा सकता है--विश्लेषण तथा संश्लेषण (जनित्र अथवा प्रतिचित्रण)।
- **उत्तर-संसाधन** : मध्य संसाधन के पश्चात् जनित्र पाठ को व्याकरण-जाँचक तथा सन्दर्भ-जाँचक जैसे मॉड्यूलों के माध्यम से कुछ त्रुटियों को सही किया जाता है। यहाँ यह भी स्पष्ट करना आवश्यक है कि मशीन अनुवाद के क्षेत्र में विकसित की जा रही प्रणालियों में कई प्रकार की भाषायी विसंगतियों को शब्द-वृत्त, पूर्व-संसाधन तथा मध्य-संसाधन के स्तर पर ही हल कर लिया जाता है। ज्ञातव्य हो कि यह प्रक्रिया कम्प्यूटर आधारित अनुवाद प्रणाली की सम्पूर्ण प्रक्रिया का एक हिस्सा होता है।

**(2.2) मशीनी अनुवाद : विधि-प्रारूप** : मध्य-संसाधन मशीनी अनुवाद प्रणाली का एक महत्त्वपूर्ण अंग है, जिसके अन्तर्गत पूर्व-संसाधित पाठ को भाषायी ज्ञान आधारित डाटाबेस के आधार पर पद, उपवाक्य और वाक्य के स्तर पर विश्लेषण करके कम्प्यूटर पाठ को लक्ष्य भाषा में जनित्र करता है। इस प्रक्रिया को व्यवहारित करने के लिए नीचे दी गई विधियों के आधार पर प्रारूप तैयार किया जाता है।

- **प्रत्यक्ष** : मशीन-अनुवाद का प्रत्यक्ष विधि से ही शुभारम्भ होता है, इसलिए इसे मूल विधि भी कहा जा सकता है। इस विधि में पूर्व-संसाधित पाठ को अलग-अलग टोकनों में विभाजित करके तैयार शब्दकोश के आधार पर प्रत्येक टोकन को उसके समानार्थी शब्द से प्रतिस्थापित कर दिया जाता है, जिससे इस विधि को टोकन-से-टोकन प्रतिचित्रण प्रणाली कहना असंगत नहीं होगा। इस विधि की सबसे

बड़ी मर्यादा यह थी कि इसमें न तो कोई पद-विच्छेदक और न ही कोई रूप-विश्लेषक का समावेश किया गया था, जिसके कारण इसका आरम्भ केवल शाब्दिक अनुवाद तक ही सीमित रह गया। लेकिन बाद में इस विधि को रूप-विश्लेषक से अद्यतन करके सम-व्याकरणिक संरचना वाली दो भाषाओं का अनुवाद किया जाने लगा परन्तु संदिग्धार्थ वाक्य या पाठ्यांश का अनुवाद नहीं किया जा सकता। अपर्याप्त भाषायी ज्ञान के कारण दो विषम-व्याकरणिक संरचनावाली भाषाओं का अनुवाद अपेक्षित शुद्धता के साथ नहीं किया जा सकता। यह विधि संसाधन की दृष्टि से बहुत ही सरल और त्वरित है, जिसके कारण अनुवाद प्रक्रिया तेजी से पूर्ण होती है। इस विधि के आधार पर अन्तरराष्ट्रीय सूचना प्रौद्योगिकी संस्थान, हैदराबाद द्वारा 'अनुसारक' नामक मशीन अनुवाद प्रणाली का विकास किया गया, जो सामान्य उद्देशीय अनुवाद प्रणाली के वर्ग में बहुत प्रचलित है।

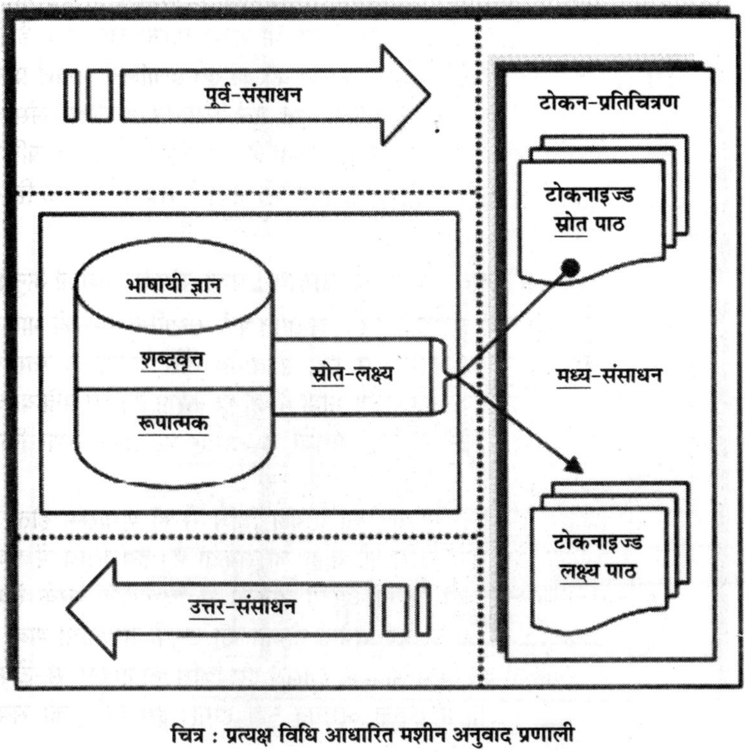


चित्र : प्रत्यक्ष विधि आधारित मशीन अनुवाद प्रणाली

* **अन्तरण :** प्रत्यक्ष विधि की मर्यादाओं पर हुए गहन अध्ययन के पश्चात् यह तथ्यगत हुआ कि यह विधि सम-व्याकरणिक भाषाओं के अनुवाद के लिए उपयोगी हो सकती है लेकिन विषम-व्याकरणिक भाषाओं के अनुवाद के लिए यह उपयुक्त नहीं है। फलतः एक ऐसी विधि की आवश्यकता प्रतीत हुई, जिससे दोनों भाषाओं की आन्तरिक संरचना के आधार पर स्रोत भाषा तथा लक्ष्य भाषा का पृथक् संरचनात्मक विश्लेषण करके इनके बीच अन्तरण सम्बन्ध स्थापित किया जाए, जिससे दो विषम भाषाओं का भी अनुवाद किया जा सके। अतः इस अन्तरण विधि के आधार पर अनुवाद प्रक्रिया को क्रियान्वयन करने के लिए दो घटकों की आवश्यकता थी।

  (i) पद-विच्छेदन—जो स्रोत पाठ को टोकन (शब्द या शब्द समूह) तथा संरचना स्तर पर विश्लेषण करते हुए पद-विच्छेदित कर एक वाक्यात्मक ढाँचा तैयार कर सके।

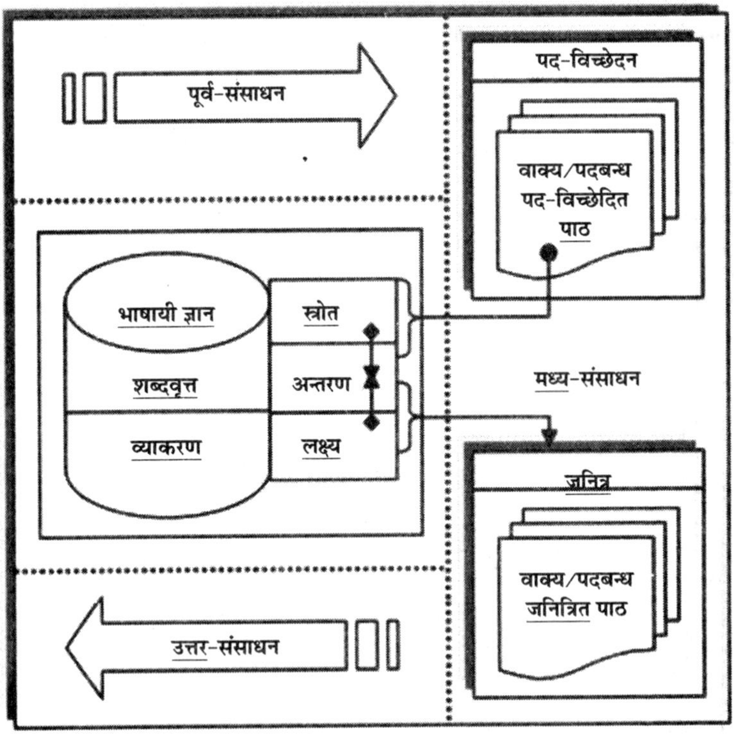


चित्र : अन्तरण विधि आधारित मशीन अनुवाद प्रणाली

(ii) जनित्र—जो स्रोत पाठ के समस्तरीय तैयार किए गए लक्ष्य पाठ के व्याकरणिक के अन्तरण लिंक के आधार पर वाक्य को सर्जित कर सके।

यद्यपि मशीन अनुवाद प्रणाली के विकास में यह एक महत्त्वपूर्ण शोध है लेकिन इस विधि की सबसे बड़ी सीमा यह है कि प्रत्येक भाषा-युग्म के लिए अलग-अलग प्रणाली का विकास करना पड़ता है। राष्ट्रीय एवं अन्तरराष्ट्रीय स्तर पर इस विधि के माध्यम से कई प्रणालियों का विकास किया गया। उदाहरण के तौर पर देखें तो मौसम सम्बन्धित दस्तावेजों का अंग्रेजी से फ्रेंच में अनूदित करने के लिए मांट्रियल विश्वविद्यालय द्वारा विकसित TAUM-METEO प्रणाली तथा प्रशासन, वित्त, कृषि, स्वास्थ्य और संसदीय कार्यवाही क्षेत्रों के दस्तावेजों को अंग्रेजी से हिन्दी में अनूदित करने के लिए वृक्ष संलग्न व्याकरण तथा अनुक्रमिक व्याकरण जैसे अन्तरण विधि आधारित व्याकरणिक प्रारूप के आधार पर सी-डैक, पुणे द्वारा विकसित मंत्र नामक प्रणाली प्रमुख है।

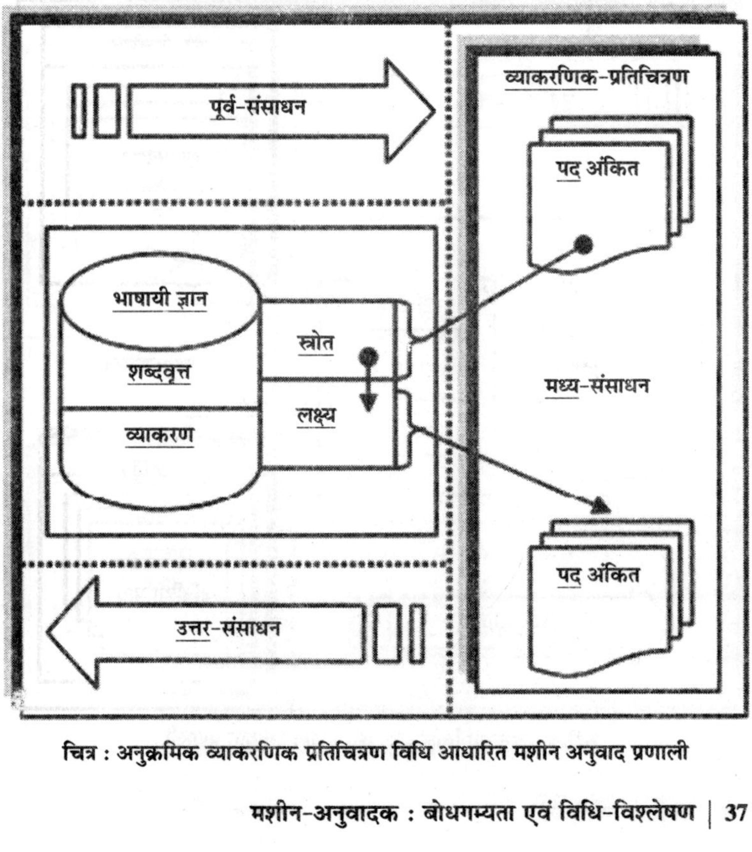


चित्र : अनुक्रमिक व्याकरणिक प्रतिचित्रण विधि आधारित मशीन अनुवाद प्रणाली

- **अनुक्रमिक व्याकरणिक प्रतिचित्रण :** इस विधि के अन्तर्गत स्रोत वाक्य के समुच्य टोकनों को उनकी व्याकरणिक कोटियों तथा स्थानों के अनुसार अनुक्रमिक रूप से तैयार करके उस वाक्य के समतुल्य लक्ष्य वाक्य की संरचना के आधार पर प्रत्येक टोकन को प्रतिचित्रित किया जाता है। अतः इस विधि के आधार पर वाक्यात्मक संरचना की दृष्टि से सम अथवा विषम दोनों प्रकार के भाषा-युग्मों को आसानी से अनूदित किया जा सकता है। यह उल्लेखनीय है कि यदि स्रोत वाक्य की संरचना पूर्व तैयार किए हुए डाटाबेस के किसी भी वाक्य संरचना से पूर्णतः अथवा आंशिक रूप से मेल खाती है तो उसे क्रमशः पूर्ण प्रतिचित्रण तथा उपवर्ग अथवा अंशानुक्रमिक प्रतिचित्रण कहते हैं। इसे उदाहरण तथा प्रतिरूप प्रतिचित्रण आधारित अन्तरण विधि का ही एक सोपान माना जा सकता है।

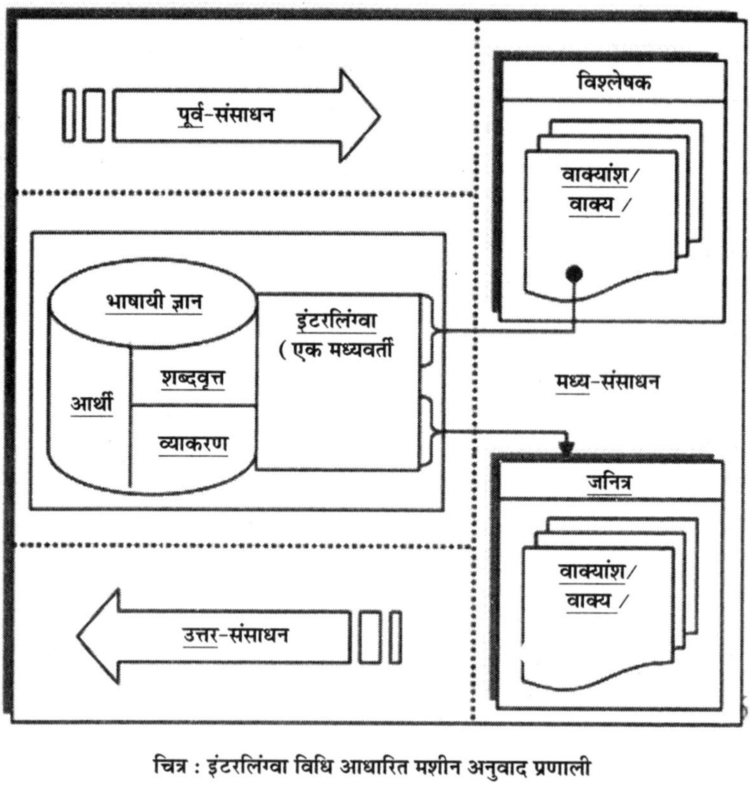


चित्र : इंटरलिंग्वा विधि आधारित मशीन अनुवाद प्रणाली

- **इंटरलिंग्वा :** इस विधि के विकास का मुख्य आधार अन्तरण विधि की वह सीमा है, जिसके कारण प्रत्येक भाषा-युग्म के लिए अलग-अलग प्रणाली का विकास करना पड़ता है। इस सीमा के समाधान हेतु एक ऐसी विधि का विकास करना था, जिसके माध्यम से कोई भी लक्ष्य भाषा को अनुवाद प्रणाली में आसानी से जोड़ा जा सके और जो सार्वभौमिक लक्षण पर आधारित हो। फलतः समाधान हेतु इंटरलिंग्वा विधि का विकास किया गया, जिसकी सहायता से विभिन्न भाषाओं के बीच परस्पर अनुवाद किया जा सकता है क्योंकि यह भाषा निरपेक्ष निरूपण है। इसकी सबसे बड़ी विशेषता यह है कि यह स्रोत पाठ के सम्पूर्ण सन्दर्भ को अनुमिति के माध्यम से विश्लेषित करके लक्ष्य पाठ में निरूपित करती है। भारतीय प्रौद्योगिकी संस्थान, मुम्बई द्वारा विकसित किए जा रहे यूनिवर्सल नेटवर्किंग लैंग्वेज आधारित मशीन अनुवाद प्रणाली इस विधि का जीवन्त उदाहरण है।

## ( 3 ) उपसंहार

इस आलेख के निष्कर्ष के रूप में प्रसिद्ध तथा कार्यानुभवी भाषावैज्ञानिक मल्होत्रा (2002 : 183) के विचार प्रासंगिक हैं। जब वे कहते हैं, "...प्राकृतिक भाषा संसाधन का क्षेत्र सर्वाधिक महत्त्वपूर्ण है, क्योंकि इसकी सहायता से मशीन को प्राकृतिक भाषा समझने में सहायता मिलती है और इस प्रकार मानव मशीन के बीच बेहतर संवाद स्थापित हो जाता है...कृत्रिम बुद्धि के अन्तर्गत वाक्यपरक, अर्थपरक और सन्दर्भपरक तत्त्वों को समन्वित रूप में देखने का प्रयास किया जाता है।" अन्ततः यही कहा जा सकता है कि जिस प्रकार मानव-विशेष अपने सरल स्वभाव के कारण सुगमतापूर्वक किसी का पक्षगत सहयोग अथवा विरोध करता है उसी प्रकार आज कृत्रिम बुद्धि के विकास के इस दौर में मशीन-अनुवादक को एक ओर अपनी ही बिरादरी के कुछ मानव-अनुवादक के स्वाभाविक प्रतिकार का सामना करना पड़ रहा है तो दूसरी ओर कुछ का सहयोग भी प्राप्त हो रहा है जिसके लिए वह कृतज्ञ है।

## सन्दर्भ


- मल्होत्रा, विजय कुमार, 2002, कम्प्यूटर के भाषिक अनुप्रयोग (Linguistic Applications of Computers) (द्वितीय संस्करण) नई दिल्ली : वाणी प्रकाशन।
- Bassnett, Susan. 2002. Translation Studies (third edition). Routledge. London and New York.
- Levy, J. 1963. Umeni Prekladu (The Art of Translation). Prague.

# कम्प्यूटर अनुवाद : विस्तार, सीमाएँ और चुनौतियाँ

**हरीश कुमार सेठी**

सूचना प्रौद्योगिकी का मुख्य उपादान 'कम्प्यूटर' विज्ञान-प्रौद्योगिकी की वह अमूल्य देन है जिसने मानव सभ्यता के विकास को अप्रत्याशित रूप से प्रभावित किया है। आज मानव-जीवन की इस पर पूरी तरह से निर्भरता देखी जा सकती है। जीवन-व्यवहार का कमोबेश प्रत्येक क्षेत्र इसके प्रयोग-परिधि में शामिल है। अनुवाद का क्षेत्र भी इससे अछूता नहीं है। मानव के अथक प्रयासों के कारण आज 'कम्प्यूटर अनुवाद' की अवधारणा जन्म ले चुकी है बल्कि मूर्त रूप में नजर भी आती है। अनुवाद, एक भाषा में व्यक्त भावों-विचारों रूपी कथ्य को दूसरी भाषा में प्रस्तुत करने की प्रक्रिया है। जब यह कार्य कम्प्यूटर के जरिए सम्पन्न किया जाता है तो वह 'कम्प्यूटर अनुवाद' कहलाता है।

कम्प्यूटर रूपी तकनीक के जरिए अनुवाद पर विचार करते समय हमें यह ध्यान में रखकर चलना होगा कि भाषा भावों की अभिव्यक्ति का आधार है। मानव जीवन-व्यवहार के क्षेत्रों की व्यापकता भाषा की इस अभिव्यक्ति को अपार बना देती है, इससे उनका प्रयोग-क्षेत्र असीम बन जाता है। प्रयोग-क्षेत्रों की यह व्यापकता ही कम्प्यूटर अनुवाद की सीमा बन जाती है। कम्प्यूटर अनुवाद प्रणाली को भाषा-विशेष की सभी अभिव्यक्तियों के अर्थ-सन्दर्भों और अर्थ-छटाओं से सम्पन्न करना और स्रोत भाषा पाठ का विश्लेषण करके उसे लक्ष्य भाषा में शत-प्रतिशत प्रतिस्थापित करना लगभग असम्भव है। इसलिए भाषा-प्रयोग के मुक्त अथवा सामान्य क्षेत्रों के लिए कम्प्यूटर अनुवाद प्रणालियाँ सार्थक सिद्ध नहीं हो पाईं। इसके समाधान के रूप में कम्प्यूटर अनुवाद प्रणालियों को भाषा-प्रयोग के क्षेत्रों को सीमित करके कम्प्यूटर की असीम कार्य-क्षमता और अद्भुत गति का इष्टतम उपयोग किया जा सकता है। भाषा प्रयोग क्षेत्रों की यह सीमितता ही कम्प्यूटर अनुवाद के विस्तार, परिधि और चुनौतियों की ओर संकेत करती है।

## कम्प्यूटर अनुवाद का विस्तार

इसमें कोई सन्देह नहीं कि भाषा-प्रयोग के मुक्त अथवा सामान्य क्षेत्रों के लिए शत-प्रतिशत अनुवाद करने में कम्प्यूटर अनुवाद प्रणाली असमर्थ हो जाती है। असमर्थता की इस स्थिति-परिस्थिति में 'अनुवाद विनिर्देश' (Translation Specification) आशा की एक किरण के रूप में नजर आते हैं। ये अनुवाद विनिर्देश कम्प्यूटर अनुवाद के सन्दर्भ में भाषा-प्रयोग के क्षेत्रों को सीमित करने से सम्बन्धित हैं और अनुवाद के लिए प्रणाली विकसित करने का आधार हैं।

'अनुवाद-विनिर्देश' मशीनी अनुवाद का एक महत्त्वपूर्ण घटक है। 'अनुवाद विनिर्देश' से तात्पर्य यह है कि मशीनी अनुवाद जीवन-व्यवहार के कुछेक क्षेत्रों से सम्बन्धित सामग्री के अनुवाद में ही बहुत उपयोगी है। इसलिए मशीनी अनुवाद प्रणाली को जीवन-व्यवहार के सीमित क्षेत्रों की भाषा के आधार पर ही विकसित किया जाए। भाषा के इस सीमित आधार को कम्प्यूटर की भाषा में 'उपभाषाएँ' (Sub-language) कहा जाता है। 'उपभाषाएँ' मशीन द्वारा स्वीकार्य वह भाषा है जहाँ अनूद्य सामग्री में विरामादि चिह्नों का भरपूर प्रयोग करके भाषा में व्याप्त संरचनापरक द्वि-अर्थकता (ambiguity) को दूर किया जाता है। इसके लिए, विषय के क्षेत्र-विशेष में अति विशेषीकृत और समग्र शब्दावली सूची विकसित करके फीड की जाती है। इससे कम्प्यूटर अनुवाद के 'भाषा' घटक के एक उपघटक अर्थात् समृद्ध 'कारपस निर्माण' की आवश्यकता पूरी हो जाती है। हालाँकि एक ही विषय की सामग्री में पारिभाषिक शब्दों की अधिकता होती है। किन्तु इन शब्दों का सुनिश्चित एवं एक ही अर्थ होता है। इनमें अर्थ-बहुलता नहीं होती और न ही भाषा में कठिन शैली का प्रयोग होता है। इसलिए स्रोत भाषा सामग्री के अर्थपरक विधान को कम्प्यूटर अनुवाद प्रणाली सहजता से समझ पाती है। इसलिए उपलब्ध आँकड़ों (डाटा) से सीमित किन्तु अपेक्षाकृत अधिक स्वच्छ 'व्याकरण' (अर्थात् कम्प्यूटर अनुवाद के 'भाषा' घटक का दूसरा उपघटक) विकसित कर पाना सम्भव हो जाता है। इसके आधार पर कम्प्यूटर अनुवाद प्रणाली अनूद्य सामग्री में प्रस्तुत विषयवस्तु को अनुवाद प्रक्रिया के दौरान प्रभावी ढंग से विश्लेषित कर पाती है और उसका लक्ष्य भाषा में बेहतर अनुवाद प्रस्तुत कर पाती है जो स्वयं में विश्वसनीय होता है। इससे अनुवाद की शुद्धता की प्रतिशतता बढ़ जाती है और इस तरह कम्प्यूटर अनुवाद प्रणाली को विषय विशेष के अनुवाद पर केन्द्रित करने पर उसके द्वारा सही अनुवाद की अपेक्षाकृत अधिक सम्भावना बन जाती है।

जीवन-व्यवहार के कुछेक क्षेत्रों में कम्प्यूटर अनुवाद प्रणाली की सार्थकता को ध्यान में रखते हुए उपभाषाओं (Sub-language) पर आधारित प्रणालियों का विकास करने वाले इसे क्षेत्र-आधारित दृष्टि को अपनाकर विकसित कर

रहे हैं। यदि हम प्रमुख विषयों की दृष्टि से विचार करें तो कम्प्यूटर अनुवाद के प्रमुख क्षेत्र इस प्रकार हैं :

## ( 1 ) शब्दशः अनुवाद के लिए सर्वोपयुक्त

कम्प्यूटर अनुवाद प्रणाली शब्दशः अनुवाद के लिए सर्वोपयुक्त है। कम्प्यूटर की भाषा में इस प्रकार के अनुवाद को 'शब्दकोश आधारित मशीनी अनुवाद' (Dictionary based Machine Translation) भी कहा जाता है। यह मशीनी अनुवाद कम्प्यूटर कोश/शब्दकोश में शामिल शब्दों की प्रविष्टियों के आधार पर सम्भव हो पाता है। इसमें स्रोत भाषा की अनूद्य सामग्री के प्रत्येक शब्द को केन्द्र में रखा जाता है। यह एक प्रकार से शब्दशः (शब्द प्रति शब्द) (word by word) अनुवाद में शब्दानुवाद के मूलभूत सिद्धान्त का तो अनुपालन किया ही जाता है, साथ ही स्रोत भाषा की सामग्री के शब्दों की क्रम-व्यवस्था का भी पालन किया जाता है। इस किस्म के अनुवाद में लक्ष्य भाषा के पर्याय शब्दों को स्रोत भाषा के शब्दों के क्रमानुसार तो रखा जाता है। किन्तु शब्दों के बीच, अर्थों के बीच सह-सम्बन्ध की ओर ध्यान नहीं दिया जाता है। इसमें वाक्य रचना पर ध्यान नहीं दिया जाता और न ही वाक्यों का रूपपरक विश्लेषण आदि किया जाता है। बाइबिल के कई अनुवाद इसी शैली में हुए थे। इस प्रकार के अनुवाद बाइबिल तथा उसके दैवीय समझे जाने वाले नियमों के सन्दर्भ में किए गए जो वस्तुतः इस धारणा पर आधारित थे कि दैवीय होने के कारण उनके किसी भी शब्द से छेड़छाड़ करना जघन्य अपराध है।

वैसे तो शब्द के स्थान पर शब्द का प्रतिस्थापन करते हुए अनुवाद करने की प्रणाली को अनुवाद का निकृष्ट रूप माना जाता है क्योंकि इस प्रकार का अनुवाद कभी-कभी बिलकुल भी समझ में नहीं आता। यह इसलिए होता है क्योंकि सभी भाषाओं में शब्द-क्रम व्यवस्था एक समान नहीं होती है। शब्दशः अनुवाद मूलनिष्ठता के प्रति अत्यधिक मोह को दर्शाता है, किन्तु वैयाकरणों एवं भाषावैज्ञानिकों ने भाषिक संरचना एवं व्याकरण के अध्ययन-अध्यापन के सन्दर्भ में इस प्रकार के अनुवाद को अनुवाद का एक सहायक प्रकार माना है।

अगर हम शब्दशः अनुवाद के सन्दर्भ में कम्प्यूटर अनुवाद प्रणाली पर विचार करें तो यह कहा जा सकता है कि यह सम्भवतः सबसे कम परिष्कृत (Sophisticated) दृष्टिकोण वाली प्रणाली सिद्ध होती है। भौतिक पदार्थों के नामों आदि पर आधारित वाक्यांशों जैसी लम्बी सूचियों वाली अनूद्य सामग्री का कम्प्यूटर की सहायता से अनुवाद करने की दृष्टि से यह सर्वाधिक उपयोगी प्रणाली है। उदाहरण के लिए सूचियों (Inventories) अथवा उत्पादों और सेवाओं के सरल सूचीपत्रों (Catalogues)

जैसी लम्बी सूचियों में शामिल वाक्यांशों (न कि पूरे-पूरे वाक्यों) के लिए शब्दकोश आधारित मशीनी अनुवाद सर्वाधिक उपयुक्त है। वे मानव-अनुवादक भी इस प्रणाली का उपयोग कर सकते हैं जिनका दोनों भाषाओं—स्रोत भाषा और लक्ष्य भाषा—पर अधिकार है और वे वाक्य रचना तथा व्याकरण में सुधार करने की क्षमता रखते हैं। अपनी इस क्षमता के आधार पर वे लक्ष्य भाषा में भली प्रकार से वाक्य रचना कर लेते हैं जो व्याकरण की दृष्टि से त्रुटिहीन भी होते हैं।

## (2) सीधी-सादी सूचनाओं का अनुवाद

कम्प्यूटर की सहायता से सीधी-सादी सूचनाओं का सरलता से और तीव्र गति से अनुवाद सम्भव है। वैसे भी, अगर सूचना सीधी, सरल और स्पष्ट हो तो उसे अन्य भाषा में प्रस्तुत करना आसान होता है। अगर इस कार्य को कम्प्यूटर की सहायता से सम्पन्न किया जाए तो किसी भी प्रकार की कोई कठिनाई नहीं होती। कम्प्यूटर में इस प्रकार के कार्य को करने की असीम क्षमता है क्योंकि उसकी स्मृति होती है और वह अपनी स्मृति में संचित सामग्री को तीव्र गति से संसाधित करके अनुवाद प्रस्तुत कर देता है।

## (3) आँकड़ों के भाषान्तरण में सहायक

सीधी-सादी सूचनाओं के अनुवाद की भाँति कम्प्यूटर आँकड़ों के भाषान्तरण को असीम क्षमता से सम्पन्न कर सकता है। इसलिए आँकड़ों से सम्बन्धित सामग्री के भाषान्तरण में कम्प्यूटर अनुवाद प्रणाली काफी सहायक रहती है। वैसे संख्याओं आदि में प्रस्तुत आँकड़ों के सम्बन्ध में विशेष सावधानी बरतने की आवश्यकता होती है। उदाहरण के लिए, अंग्रेजी के Million में अभिव्यक्त आँकड़ों को हिन्दी में प्रस्तुत करते समय 'दस लाख' के सन्दर्भ में उन्हें प्रयुक्त कर दिया जाता है। मानव-अनुवादक द्वारा तो अक्सर ऐसा ही किया जाता है। 'One Million' के सन्दर्भ में तो यह ठीक लगता है (यानी 'दस लाख' लिख देना),किन्तु इससे आगे नहीं। जैसे अगर 'Nine Million' के लिए 'नौ दस लाख' का प्रयोग करना। आँकड़ों की इस प्रकार प्रस्तुति सभी को खटकेगी। इस समस्या को मानव-अनुवाद के अलावा, कम्प्यूटर अनुवाद के सन्दर्भ में भी देखने की जरूरत है। ऐसे में यही कहा जा सकता है कि आँकड़ों के उल्लेख में विशेष ध्यान रखने की जरूरत होती है।

## (4) सरकारी प्रलेखों का अनुवाद

हिन्दी भारत की राजभाषा है। राजभाषा अधिनियम में किए गए प्रावधानों के आलोक में विभिन्न सरकारी कार्यालयों और सार्वजनिक क्षेत्र के प्रतिष्ठानों-उपक्रमों

आदि के अनेक प्रलेख द्विभाषिक (अंग्रेजी-हिन्दी) रूप में निकालने अनिवार्य हैं। इन कार्यालयों आदि में मूलत: अंग्रेजी में तैयार की गई हर प्रकार की प्रक्रियात्मक, प्रशासनिक और तकनीकी सामग्री का हिन्दी में अनुवाद भी आवश्यक है। हालाँकि इस प्रकार के अनुवाद-कार्य के लिए प्रत्येक कार्यालय-विभाग आदि में हिन्दी अनुवादकों के अनेक पद सृजित भी किए गए हैं, किन्तु वस्तुस्थिति यह है कि आज भी लाखों पृष्ठ अनुवाद के लिए शेष हैं। इसके अलावा, अनुवाद-कर्म श्रम-साध्य एवं समय-साध्य होने की वजह से अनेक सरकारी प्रलेख द्विभाषी रूप में एक-साथ जारी नहीं हो पाते। ऐसे में अंग्रेजी भाषा में उपलब्ध प्रक्रियात्मक, प्रशासनिक और तकनीकी साहित्य को हिन्दी में अनूदित करने के लिए उपयुक्त कम्प्यूटर अनुवाद प्रणाली का सहारा लेकर कार्य सम्पन्न किया जाए तो यह प्रयास निश्चय ही उपयोगी सिद्ध होगा। इस कार्य के लिए भारत सरकार के वैज्ञानिक एवं तकनीकी शब्दावली आयोग (सी.एस.टी.टी.) द्वारा तैयार 'बृहत् प्रशासन शब्दावली (अंग्रेजी-हिन्दी)' की सहायता ली जा सकती है। इससे जहाँ इस प्रकार के प्रलेखों को द्विभाषी रूप में अविलम्ब निकाल पाना सम्भव हो सकेगा वहीं यह लाभ भी रहेगा कि कम्प्यूटर द्वारा जो अनुवाद-कार्य किया जाएगा उसमें पारिभाषिक शब्दावली के स्तर पर एकरूपता भी बनी रहेगी।

## (5) वैज्ञानिक एवं तकनीकी सामग्री का अनुवाद

विज्ञान और प्रौद्योगिकी सामग्री का अनुवाद काफी महत्त्वपूर्ण किन्तु जटिल कार्य है। इसका प्रमुख कारण यह है कि विज्ञान एवं प्रौद्योगिकी विषयों से सम्बन्धित सामग्री अकसर सूचनात्मक, तथ्यात्मक और विशिष्ट चिह्नों-आँकड़ों वाली होती है। तथ्य स्थूल होते हैं और स्थूल का अनुवाद सरल होता है। वास्तविक तथ्यों, प्रयोगों और विश्लेषणों आदि पर आधारित होने के कारण वैज्ञानिक निष्कर्ष व्यक्तिनिष्ठ न होकर प्रामाणिक होते हैं। इसलिए विज्ञान की भाषा में वस्तुनिष्ठता होती है। कम्प्यूटर द्वारा बेहतर अनुवाद में यह वस्तुनिष्ठता सहायक सिद्ध होती है। कम्प्यूटर इन सीधी-सादी सूचनाओं अथवा आँकड़ों आदि को अपेक्षाकृत अधिक सरलता से अन्तरित कर देता है।

विज्ञान और तकनीकी से सम्बन्धित विषयों की भाषा अभिधापरक होती है। अभिधा शब्द शक्ति, विज्ञान-तकनीकी सम्बन्धी भाषा के शब्दों एवं वाक्य-रूपों का आधार होती है। उदाहरण के लिए, भौतिकी के 'ऊर्जा' (Energy) शब्द को 'शक्ति', 'स्फूर्ति' और 'ताकत' आदि अन्य शब्दों के जरिये व्यक्त नहीं किया जा सकता। इसमें प्रयुक्त शब्दों में अर्थ-विस्तार, अर्थ-प्रवर्तन अथवा अर्थ-संकोच नहीं होता। यहाँ 'गाय' का अर्थ पशु गाय से है, न कि यह सीधेपन के अर्थ की

अभिव्यंजना करने वाला शब्द है। इस भाषा में शब्दों के अर्थ की सूक्ष्मता और निश्चितता से कम्प्यूटर के समक्ष किसी भी प्रकार के संशय की कोई सम्भावना नहीं रह जाती।

पारिभाषिक शब्दावली का प्रयोग वैज्ञानिक एवं तकनीकी सामग्री का वैशिष्ट्य है। इस प्रकार की सामग्री में पारिभाषिक शब्दावली की कोई सीमा नहीं है। विज्ञान-प्रौद्योगिकी सहित ज्ञान-विज्ञान के विभिन्न विषयों से सम्बन्धित पारिभाषिक शब्दावली को निर्धारित करने और अखिल भारतीय स्तर पर उसमें एकरूपता-समानता की स्थिति स्थापित करने में भारत सरकार के वैज्ञानिक एवं तकनीकी शब्दावली आयोग की महत्त्वपूर्ण भूमिका रही है। किन्तु वैश्विक पटल पर इन क्षेत्रों में हो रहे उत्तरोत्तर विकास और संवृद्धि के कारण ज्ञान-विज्ञान की शब्दावली में नित नूतन वृद्धि हो रही है। ऐसी स्थिति से निपटने के लिए भारत में 5.6 लाख शब्दों वाले द्विभाषी कम्प्यूटर कोश तैयार करने होंगे।

शब्दावली के अलावा, वाक्य-विन्यास के स्तर पर भी वैज्ञानिक एवं तकनीकी सामग्री में कमोबेश सरलता होती है। इसकी भाषा की संरचना सीधी, स्पष्ट और सरल होती है। वाक्य सीधे और कसावट वाले होते हैं। इस साहित्य की भाषा में अनावश्यक शब्दों अथवा शब्दों के दोहराव से बचने के लिए विशेष तौर पर सावधानी बरती जाती है। वाक्य-विन्यास की सरलता के कारण कम्प्यूटर त्वरित गति से पर्याय प्रदान करके अनुवाद प्रस्तुत कर सकता है। इससे मानव द्वारा किए जाने वाले अनुवाद रूपी श्रम से बचा जा सकता है और परिणामस्वरूप लगभग 20 गुना गति से अनुवाद कार्य किया जा सकता है। कम्प्यूटर द्वारा किए गए अनुवाद में बाद में मामूली-सा सम्पादन-अनुवादोत्तर सम्पादन कार्य करना पड़ता है। इस कार्य में सरलता लाने और बेहतर अनूदित पाठ प्राप्त करने के लिए प्रूफ-सम्पादन का भी आश्रय लिया जा सकता है।

## ( 6 ) बाल साहित्य और सरल पाठ्य-पुस्तकों के अनुवाद के लिए सार्थक

कम्प्यूटर अनुवाद को बाल साहित्य और सरल पाठ्य-पुस्तकों के अनुवाद के सन्दर्भ में विशेष तौर पर देखा जा सकता है क्योंकि इन्हें भाषा, शब्दावली और वाक्य-विन्यास आदि के स्तर पर सरल ढंग से तैयार किया जाता है। बाल साहित्य के अन्तर्गत बच्चों के लिए लिखी गई पुस्तकें और पत्रिकाएँ शामिल की जाती हैं। ऐसी सामग्री का कम्प्यूटर अनुवाद प्रणाली की सहायता से अनुवाद सम्भव है जो गुणवत्ता की दृष्टि से बेहतर भी होगा। राष्ट्रीय शैक्षिक अनुसन्धान एवं प्रशिक्षण परिषद (एन.सी.ई.आर.टी.) द्वारा तैयार की जाने वाली स्कूल-स्तर की पाठ्य-पुस्तकों को तैयार करने में कम्प्यूटर अनुवाद को जरिया बनाया जा सकता है।

इसी प्रकार, 11 भाषाओं में निकलने वाली बाल पत्रिका 'चन्दामामा' या फिर प्रकाशन विभाग की 'बाल भारती' पत्रिका आदि के प्रकाशन में भी कम्प्यूटर अनुवाद का सरलता से उपयोग किया जा सकता है। इसके लिए कम्प्यूटर अनुवाद प्रणाली में बुनियादी शब्दावली वाली कम्प्यूटर शब्द-सूचियों का आँकड़ा आधार तैयार करना होगा।

### ( 7 ) लिप्यंतरण

कम्प्यूटर का लिप्यंतरण कार्य में भी सफलतापूर्वक उपयोग किया जा सकता है। अगर स्रोत भाषा सामग्री का लक्ष्य भाषा में अनुवाद न करके केवल लिपि बदलते हुए लिप्यंतरण किया जाना हो तो कम्प्यूटर अनुवाद प्रणाली इस कार्य को भली प्रकार से निष्पादित कर देती है। लिप्यंतरण स्वयं में एक तकनीकी प्रक्रिया है और अगर इस प्रक्रिया को कम्प्यूटर प्रोग्रामिंग के अनुरूप नियमबद्ध रूप में व्यवस्थित कर दिया जाए तो कम्प्यूटर अनुवाद प्रणाली द्वारा किया गया यह लिप्यंतरण एकरूपता लिए हुए भी होगा। कम्प्यूटर द्वारा इस कार्य को कम्प्यूटर प्रणाली में संचित किए निर्देशों के अनुसार सम्पन्न करना इस एकरूपता का आधार सिद्ध होता है जबकि मानव-अनुवादक द्वारा लिप्यंतरण कार्य करने पर शत-प्रतिशत एकरूपता बनाए रखने की अपेक्षा नहीं की जा सकती।

## कम्प्यूटर अनुवाद की सीमाएँ

विज्ञान एवं प्रौद्योगिकी के क्षेत्र में हुई प्रगति ने कम्प्यूटर द्वारा अनुवाद कार्य को मूर्त रूप प्रदान किया है, किन्तु यह पूरी तरह से मानव का प्रतिस्थापन सिद्ध नहीं हो पाई है। इसलिए कोई भी अनुवाद कार्य मानव की सक्रिय भूमिका के अभाव में सम्भव नहीं है। इसमें मानव-मस्तिष्क की प्रमुख भूमिका होती है। मशीनी अनुवाद के क्षेत्र में हुए अब तक के विकास से यही पता चलता है कि मशीन की सहायता से पूर्णतः स्वचालित और शत-प्रतिशत अनुवाद असम्भव है। साथ ही अपनी विशिष्टता के कारण अनेक क्षेत्र अथवा विषय ऐसे हैं जिनमें कम्प्यूटर अनुवाद की माँग कम है। कम्प्यूटर अनुवाद की सीमाओं को निम्नलिखित के सन्दर्भ में देखा जा सकता है :

### ( 1 ) अनुवाद के विषय-क्षेत्र विशेष की सीमाएँ

अब तक विकसित कम्प्यूटर अनुवाद प्रणालियाँ यही दर्शाती हैं कि ये अनुवाद के विषय-क्षेत्र की दृष्टि से तो उपयोगी सिद्ध हो रही हैं किन्तु विषय-क्षेत्रों का विस्तार इसकी सीमा बन जाता है। कम्प्यूटर अनुवाद प्रणाली की विषय-क्षेत्र विशेष की सीमितता का अर्थ यह है कि कम्प्यूटर अनुवाद प्रणाली विशेष द्वारा प्राकृतिक भाषा

के स्थान पर भाषा-प्रयुक्ति के कुछेक विषय-क्षेत्रों से सम्बन्धित सामग्री का अनुवाद करना। उदाहरण के लिए 'टॉम मेटो' (TAUM METEO) प्रणाली केवल मौसम सम्बन्धी रिपोर्टों का अनुवाद करती है तो जॉर्जटाउन प्रणाली केवल नाभिकीय भौतिकी का। भारत में विकसित 'मंत्र राजभाषा' नामक कम्प्यूटर सहायक अनुवाद प्रणाली प्रशासनिक, वित्तीय, कृषि एवं लघु उद्योग क्षेत्रों के साथ-साथ सूचना प्रौद्योगिकी एवं स्वास्थ्य सुरक्षा से सम्बन्धित विषय-क्षेत्र केन्द्रित अनुवाद कार्य से सम्बन्धित है। वहीं, 'आंग्लभारती' संसदीय राजभाषा समितियों जैसी स्थायी परामर्शदात्री से सम्बन्धित कागजात, अति-विशिष्ट व्यक्ति सन्दर्भित दस्तावेजों, संसदीय प्रश्नों से सम्बन्धित दस्तावेजों, समझौते के ज्ञापन (एम.ओ.यू.), डी.आई.टी. अधिकारियों की नोटशीटों, वार्षिक रिपोर्टों, वार्षिक योजना, वार्षिक कार्य योजना, पंचवर्षीय योजना, अनुदान माँग, कार्य-निष्पादन बजट, कार्यालय आदेशों, अधिसूचनाओं और परिपत्रों जैसे विशिष्ट क्षेत्रों से सम्बन्धित सामग्री के कम्प्यूटर सहायक अनुवाद पर आधारित कम्प्यूटर अनुवाद प्रणाली है। वास्तव में प्राकृतिक भाषा के लिए सार्थक कम्प्यूटर अनुवाद प्रणाली विकसित न कर पाना एक प्रमुख सीमा है।

### (2) सृजनात्मक साहित्य और कम्प्यूटर अनुवाद की सीमाएँ

मशीन की सहायता से साहित्यिक अनुवाद की स्थिति भिन्न रहती है क्योंकि साहित्यिक रचना में कथ्य के साथ-साथ शैली का भी विशेष महत्त्व होता है। साहित्यिक रचना की भाषा मुख्यतः लक्षणा और व्यंजना शब्द-शक्ति से सम्पन्न होती है। साहित्यिक रचना में सृजनात्मकता की वजह से इसका कोई निश्चित अनुवाद नहीं हो सकता, अनुवाद के रूप में वह पुनर्सृजन ही होता है। यह तथ्य काव्यानुवाद के सन्दर्भ में विशेष तौर पर पुष्ट होता है। भाव-कल्पना और बिम्ब-प्रतीक आदि सृजनात्मक साहित्य के विधायक तत्त्व होते हैं। ये तत्त्व गहन व्यंजना से सम्पन्न होते हैं, जिन्हें कम्प्यूटर अनुवाद द्वारा अन्तरित नहीं किया जा सकता। सृजनात्मक साहित्य में अमूर्त और सूक्ष्म अनुभूति की प्रधानता होती है। जिस तरह से सूक्ष्म-तरल पदार्थ को स्थानान्तरित करना कठिन कार्य है, उसी प्रकार अनुभूति को अन्तरित करना भी कठिन है। वास्तव में सृजनात्मक कार्य को प्रभावी ढंग से निष्पादित करना स्वयं में एक कला है। विज्ञान और प्रौद्योगिकी साहित्य, तथ्य और विचार-प्रधान होता है इसलिए उसका कम्प्यूटर द्वारा सरलता से अनुवाद सम्भव है जबकि सृजनात्मक साहित्य भाव-कल्पना से उद्‌बुद्ध होता है जिसे कम्प्यूटर अनुवाद के जरिए सम्पन्न कर पाना काफी मुश्किल है। इसके अलावा, स्रोत भाषा के सामाजिक-सांस्कृतिक सन्दर्भों और स्थितियों-परिस्थितियों की लक्ष्य भाषा से भिन्नता भी प्रमुख समस्या

रहती है जिसे कम्प्यूटर के जरिए अन्तरित करना सरल कार्य नहीं है। इसलिए साहित्य का मानव द्वारा अनुवाद ही वांछित माना जाता है।

## ( 3 ) विज्ञापन और कम्प्यूटर अनुवाद की सीमाएँ

सृजनात्मक साहित्य के अलावा, व्यावसायिक विज्ञापन सामग्री के अनुवाद के क्षेत्र में भी कम्प्यूटर अनुवाद की माँग बहुत कम है। आज के व्यापारोन्मुखी संसार में 'विज्ञापन' प्रचार का सशक्त और अपरिहार्य साधन है। विज्ञापन के माध्यम से उत्पाद अथवा सन्देश को कलात्मक दृष्टि से प्रस्तुत किया जाता है। विज्ञापन लेखन स्वयं में एक कला है जिसमें सृजनात्मकता के साथ-साथ प्रभाव क्षमता का विशेष महत्त्व है। विज्ञापन लेखन और उसके अनुवाद का संसार वह रोजगारपरक व्यवसाय है जहाँ काम की मात्रा के स्थान पर गुणवत्ता का महत्त्व अधिक है। विज्ञापन लेखन स्वयं में चुनौती-भरा कार्य है और उसका अनुवाद काव्यानुवाद की भाँति दुष्कर कार्य है। विज्ञापन लेखन और उनके अनुवाद के लिए व्यक्ति में सृजनात्मकता का होना जरूरी है। अगर अनूदित विज्ञापन मौलिक प्रतीत होता है तभी वह उपभोक्ताओं को अपील कर पाएगा और वे उत्पाद-विशेष को खरीदने के इच्छुक हो सकेंगे।

विज्ञापन की भाषा में अनुवाद और विशेष तौर पर शब्दशः अथवा शब्दानुवाद का सहारा न्यूनतम होता है। इसका कारण यह है कि विज्ञापन के अनुवाद में भाषा के प्रयोग की आत्मा को व्यंजित किया जाता है न कि भाषा के कलेवर को। इसके अलावा, मूल विज्ञापन में मुहावरों-कहावतों के प्रयोग होने की स्थिति में उनके शाब्दिक अनुवाद के स्थान पर समतुल्य मुहावरों-कहावतों में व्यंजित अर्थ को व्यक्त किया जाता है। इसलिए यह स्वीकार किया जाता है कि व्यावसायिक विज्ञापन सामग्री का शाब्दिक अनुवाद अथवा वाक्यपरक पर्यायों के प्रतिस्थापन से ही काम नहीं चलता, उनमें वह सृजनात्मक अनुवाद अपेक्षित होता है जो श्रोताओं-पाठकों का ध्यान अपनी ओर आकृष्ट करे। विज्ञापन के अनुवाद के लिए अनुवादक का सृजन-शक्ति से सम्पन्न होना जरूरी है।

विज्ञापन के अनुवाद में अनुवादक को कथ्य के भाव को आत्मसात् करके मूल विज्ञापन लेखक की भावभूमि पर पहुँचना होता है और उसका लक्ष्य भाषा के पाठक-वर्ग की मानसिकता के अनुरूप सहज-सरल और प्रभावी भाषा-शैली में पुनर्सृजन करना होता है। इसलिए विज्ञापनों का आकर्षक एवं सहज अनुवाद साहित्य सृजन की कोटि में आता है, जिसमें कथ्य की सृजनात्मकता, भाषा का सौन्दर्य पक्ष और अभिव्यक्ति की प्रभावपूर्ण शैली प्रमुख होते हैं। किन्तु कम्प्यूटर अनुवाद के सन्दर्भ में यह तथ्य प्रमाणित है कि ऐसा कर पाने में सफल नहीं हो पाता। यहाँ

आकर कम्प्यूटर अनुवाद की स्पष्ट रूप से सीमा नजर आती है जिसे लाँघ पाना असम्भव-सा है।

## ( 4 ) विधि साहित्य और कम्प्यूटर अनुवाद की सीमाएँ

विधि के क्षेत्र से सम्बन्धित सामग्री के अनुवाद में कम्प्यूटर के जरिए अनुवाद की भूमिका सीमित रूप से ही सार्थक सिद्ध हो पाती है क्योंकि इस क्षेत्र से सम्बन्धित सामग्री अपनी प्रकृति में सुनिश्चित अर्थ के साथ-साथ यथातथ्य एवं सूक्ष्म प्रभेद वाली होती है। विधि के क्षेत्र की भाषा, सामान्य भाषा से भिन्न और काफी हद तक अस्वाभाविक प्रतीत होती है। शब्दों का प्रयोग, पद-विन्यास, वाक्य-विन्यास सभी कुछ विशिष्ट, विचित्र और कभी-कभी अटपटा भी लगता है। इस विभिन्नता को सुनिश्चित शब्दावली का प्रयोग, पारिभाषिक शब्दावली की प्रयोग-बहुलता, रूढ़ वाक्य-शैली, सारगर्भित और लम्बे-जटिल वाक्यों आदि के स्तर पर देखा जा सकता है। इसमें लम्बे वाक्य कई-कई उपवाक्य तथा कई-कई पंक्तियाँ तक ही सीमित न रहकर कई-कई पृष्ठों तक के भी हो जाते हैं। उदाहरण के लिए, आयकर अधिनियम में 'कृषि आय' को एक वाक्य में परिभाषित किया गया है जो मूलत: 40 पंक्तियों का है। विधिक प्रकृति की सामग्री का एक उदाहरण इस प्रकार है :

NOW This Indenture Witness That in pursuance of the said Agreement and in consideration of the said sum of Rs.-------------------- --------------------------(Rupees---------------------------------------------- -----------------------------------------------------------------------------only) to be paid to the insured by the Company the part of the first party and the surety herein jointly and severally hereby absolutely unconditionally and fully indemnify, and will at all times hereinafter keep indemnified, saved, defended and harmless the company, their servants and agents in respect of and against all losses, payments, damages, costs, charges, expenses, liabilities and prejudicies of whatever kind and nature and whom-so-ever may suffer, sustained, incurred or expose to in respect of any Taxes that are levied or to be levied against the Company in connection with the said vehicle by the Regional Transport Officer or any other Officer or Officers, duly authorised by the Govt. for the purpose in terms of the Motor Vehicle Act, 1939 or under any act or acts for the time being in force.

विधि सम्बन्धी सामग्री के अनुवाद में केवल शब्दों और पदबन्धों के लक्ष्य भाषा में पर्याय प्रस्तुत कर देना ही पर्याप्त नहीं होता। विधि सामग्री के शब्द-

पदबन्धों के साथ-साथ वाक्यांशों एवं वाक्यों के पर्याय सुनिश्चित एवं स्थिर करने होते हैं। इसके अलावा, अनुवाद-कार्य करने के दौरान ही स्रोत भाषा और लक्ष्य भाषा की विधि सम्बन्धी व्यवस्थाओं के बीच भेदों का सन्तुलन भी करना होता है, जिसे मशीन द्वारा सार्थक ढंग से निष्पादित कर पाना असम्भव नहीं तो अत्यधिक कठिन अवश्य है। इसलिए विधि सम्बन्धी सामग्री का मानव द्वारा अनुवाद ही बेहतर माना जाता है।

## कम्प्यूटर अनुवाद की चुनौतियाँ

कम्प्यूटर अनुवाद प्रणालियों ने जीवन-व्यवहार के विभिन्न क्षेत्रों में कम्प्यूटर के जरिए अनुवाद की सम्भावना को मूर्त रूप प्रदान किया है। किन्तु मशीनी अनुवाद के सार्थक कार्यान्वयन की दिशा में अभी कई ऐसी समस्याएँ हैं जो चुनौतियाँ बनकर उभरती हैं। इन चुनौतियों की ओर समुचित ध्यान दिया जाना आवश्यक है। ऐसी कुछ प्रमुख चुनौतियों की ओर यहाँ संक्षेप में संकेत किया जा रहा है :

### (1) प्राकृतिक भाषा की द्वि-अर्थकता

प्राकृतिक भाषा संसाधन (Natural Language Processing) करते हुए शब्दों के अर्थ को संशोधित करना सर्वाधिक कठिन और जटिल माना जाता है क्योंकि प्राकृतिक भाषा स्वभावतः अस्पष्ट (Ambiguous) मानी जाती है। वैसे भाषा की अस्पष्टता का अभिप्राय उसका 'स्पष्ट न होना' न होकर उसकी 'द्वि-अर्थकता' (Ambiguity) है। द्वि-अर्थकता प्राकृतिक भाषा की प्रकृति का स्वाभाविक गुण है। उदाहरण के लिए, हिन्दी शब्द 'जुआ' को लिया जा सकता है। बैलगाड़ी और हल आदि के आगे की उस लकड़ी को 'जुआ' कहते हैं, जो पशुओं के कन्धे पर रखी जाती है। इसके अलावा 'जुआ' बाजी लगाकर खेले जाने वाला एक खेल भी है, जिसे 'द्यूत' भी कहते हैं।

प्राकृतिक भाषा में शब्दों का भाषायी अर्थ इतना बहु-आयामी होता है कि परिस्थिति-सन्दर्भ आदि के बदलने के साथ-साथ वह भी बदल जाता है। उदाहरण के लिए, 'हल' शब्द को देखा जा सकता है। हल गणित की प्रक्रिया का अंग भी है और प्रश्न का उत्तर भी। इसके अलावा 'हल' खेत जोतने का एक प्रसिद्ध यंत्र भी है। भाषा की यह स्वाभाविक अस्पष्टता केवल हिन्दी ही नहीं, अन्य भाषाओं में भी देखी जा सकती है। उदाहरण के लिए, अंग्रेजी के Joint शब्द को लिया जा सकता है जो 'संयुक्त', 'सह', 'संयोजित' और 'सन्धि' के अर्थ में प्रयुक्त होता है।

भाषा में द्वि-अर्थकता को व्यक्त करने वाले शब्द जब अनूद्य सामग्री में आते

हैं तो मानव-अनुवादक शब्द-विशेष के लिए उपलब्ध अर्थों में से अपनी सहज बुद्धि से अर्थ और सन्दर्भ के अनुसार पर्याय को चुनकर अनूदित पाठ में प्रस्तुत कर देता है और शेष पर्यायों को छोड़ देता है। किन्तु इस प्रकार की स्थितियों को पहचानना कम्प्यूटर के लिए एक समस्या है क्योंकि कम्प्यूटर प्रणाली केवल उसी अर्थ को ग्रहण करेगी जो कम्प्यूटर द्वारा समझी जा सकने वाली कल विधि (Algorithm) अथवा तर्कपूर्ण सूत्र में परिवर्तित करके उसके स्मृति-कोश में डाली हुई होगी। उदाहरण के लिए, मानव-अनुवादक प्रशासन से सम्बन्धित क्षेत्र में प्रयुक्त होने वाले 'Interdepartmental Reference' शब्दों के लिए 'अन्तर्विभागीय पत्राचार' अथवा आवश्यकता एवं सन्दर्भ के अनुसार 'अन्तर्विभागीय परामर्श' को प्रयुक्त कर सकता है। किन्तु अगर कम्प्यूटर के स्मृति-कोश में प्रशासन से सम्बन्धित क्षेत्र में प्रयुक्त होने वाले 'Interdepartmental Reference' शब्दों के लिए केवल 'अन्तर्विभागीय पत्राचार' ही डाला हुआ है तो वह केवल उसी शब्द को ग्रहण करेगा और उसके अन्य पर्याय अर्थात् 'अन्तर्विभागीय परामर्श' को प्रस्तुत नहीं करेगा। कम्प्यूटर सन्दर्भ-परिस्थिति के अनुसार केवल तभी उपयुक्त विकल्प को चुन पाता है जब उनसे जुड़े अत्यंत सूक्ष्म भाषिक नियमों को खोजकर कम्प्यूटर प्रणाली में डाला हुआ हो। स्वाभाविक है कि यह प्रभावी प्राकृतिक भाषा संसाधन से सम्बन्धित कार्य है, जो स्वयं में जटिल प्रक्रिया है। इसलिए कम्प्यूटर प्रणाली मानव की भाँति सहजता से भाषा रूपान्तरण का कार्य नहीं कर पाती।

## ( 2 ) सांसारिक ज्ञान का अभाव

मनुष्य जन्म से ही अपने समाज-संसार के भिन्न-भिन्न कार्यकलापों से जुड़कर कई प्रकार के संस्कार और अनुभव ग्रहण करता है। मनुष्य का यह अनुभव-संसार उसे अनुवाद कार्य में भी मदद करता है। मानव-अनुवादक अनुवाद कार्य के दौरान शब्दों एवं उनके अर्थों के सही मन्तव्यों को समझने के लिए अपने सांसारिक ज्ञान का बखूबी उपयोग करता है। कहने का अभिप्राय यह है कि अनुवादक प्राकृतिक भाषा-व्यवहार में अभिव्यक्तियों के प्रकट अर्थ और अभीष्ट मन्तव्य को भली प्रकार से समझते हुए स्रोत और लक्ष्य भाषा के बीच की सम्भावित खाई को अपने सन्दर्भगत एवं सांसारिक ज्ञान के आधार पर पाटने का भरसक प्रयास करता है।

किन्तु कम्प्यूटर अनुवाद प्रणाली द्वारा भाषा-व्यवहार में अभिव्यक्तियों के प्रकट अर्थ और अभीष्ट मन्तव्य को भली प्रकार से व्यक्त कर पाना तभी सम्भव हो पाता है जब उसके स्मृति-कोश में सांसारिक ज्ञान और संस्कार को डाला जाए। उदाहरण के लिए, अंग्रेजी शब्द Capital के लिए एक से अधिक अर्थ होते हैं—

पूँजी, राजधानी, मूलधन, बड़ा अक्षर। स्वाभाविक है कि कम्प्यूटर ऐसे शब्दों के अर्थों का विश्लेषण नहीं कर पाएगा कि प्रसंग के अनुसार कौन से अर्थ वाला अनुवाद सही होगा। इसी प्रकार कम्प्यूटर के लिए 'बैल को बछड़ा हुआ है।' वाक्य भी उतना ही सहज रूप से स्वीकार्य है जितना कि 'गाय को बछड़ा हुआ है' वाक्य। जबकि मानव-अनुवादक इनमें से प्रथम वाक्य को कतई स्वीकार नहीं करेगा, क्योंकि उसका सहज सांसारिक ज्ञान इसकी अनुमति नहीं देगा।

## (3) भाषावार कम्प्यूटर अनुवाद प्रणालियाँ विकसित करने में अनुसन्धान और विकास की कमी

कम्प्यूटर अनुवाद प्रणालियों की सहायता से काम करता है। ये प्रणालियाँ कम्प्यूटर के हार्डवेयर अथवा सॉफ्टवेयर के अंग के रूप में व्यवहार में लाई जाती हैं। कम्प्यूटर के क्षेत्र में हुए अनुसन्धान और विकास ने यह सिद्ध कर दिया है कि उसके समक्ष भाषा का कोई बन्धन नहीं, वह किसी भी भाषा के लिए इस्तेमाल किया जा सकता है। कम्प्यूटर अनुवाद के क्षेत्र में अनुसन्धान और विकास के लिए विकसित देश खूब निवेश करते हैं। लेकिन उनका यह अनुसन्धान और विकास उन भाषाओं के सन्दर्भ में तो सार्थक सिद्ध होता है जिन्हें ध्यान में रखते हुए कम्प्यूटर अनुवाद प्रणालियाँ विकसित की गई हैं, किन्तु सभी भाषाओं के सन्दर्भ में यही स्थिति देखने को नहीं मिलती। विकासशील देश अपनी भाषाओं के सन्दर्भ में कम्प्यूटर अनुवाद प्रणालियों को विकसित करने के लिए परमुखी बने रहते हैं, वे विकसित देशों एवं उनके तकनीकी-वित्तीय सहयोग पर निर्भर करते हैं। उन्हें अपने देश की भाषाओं और स्थितियों-परिस्थितियों को ध्यान में रखते हुए कम्प्यूटर अनुवाद प्रणालियाँ विकसित करनी पड़ती हैं। उदाहरण के लिए, भारत के सन्दर्भ में देखा जाए तो यहाँ सूचना प्रौद्योगिकी के विकास के साथ-साथ मुख्य रूप से अंग्रेजी से हिन्दी अनुवाद और गौणत: अंग्रेजी से विभिन्न भारतीय भाषाओं में कम्प्यूटर अनुवाद प्रणालियाँ विकसित करने के लिए सरकारी एवं गैर-सरकारी स्तर पर प्रयास किए गए हैं। जैसे 'आंग्ल भारती मिशन' के अन्तर्गत आंग्ल भारती प्रौद्योगिकी से देश की 12 क्षेत्रीय भाषाओं (मराठी, कोंकणी, असमिया, मणिपुरी, बंगला, उर्दू, सिन्धी, कश्मीरी, मलयालम, पंजाबी, संस्कृत और उड़िया) में कम्प्यूटर द्वारा अनुवाद कार्य सम्भव बनाने के प्रयास किए गए। इसी प्रकार तेलुगु, कन्नड़, मराठी, बंगला और पंजाबी से हिन्दी में अनुवाद के लिए 'अनुसारकों' के आरम्भिक संस्करण विकसित किए गए। हालाँकि अनुसन्धान और विकास के इस प्रकार के प्रयास पूरी तरह से सफल नहीं हुए हैं, इसलिए अभी और गम्भीर प्रयास किए जा रहे हैं। किन्तु देश की अन्य भाषाओं और विशेष तौर पर विभिन्न भारतीय भाषाओं में परस्पर कम्प्यूटर अनुवाद

प्रणालियों का अभाव है। इस दिशा में अनुसन्धान और विकास की जरूरत है, तभी अनुवादक इनका भरपूर लाभ उठा सकेंगे।

## (4) कम्प्यूटर को भाषा का सम्पूर्ण ज्ञान देने की समस्या

एक मशीन (कम्प्यूटर) को किसी एक भाषा का सम्पूर्ण ज्ञान देना अत्यधिक दुष्कर कार्य है। इस सम्पूर्ण ज्ञान में भाषा का व्याकरणपरक, अर्थपरक, प्रोक्तिपरक, व्यवहारपरक ज्ञान शामिल है। समस्त ज्ञान को कम्प्यूटर की प्रोग्राम भाषा में प्रस्तुत करना अत्यधिक दुष्कर कार्य है। वैसे भी, मशीनी अनुवाद तंत्र में तो यह ज्ञान कम से कम दो भाषाओं—स्रोत भाषा और लक्ष्य भाषा—में देना होता है।

भाषा बहता नीर है, वह विकासमान रहती है। ऐसे में कम्प्यूटर को इस प्रकार से ज्ञान से सम्पन्न करना अपेक्षित हो जाता है कि वह भाषा में होने वाले परिवर्तनों आदि को समझकर स्वयं को उन परिवर्तनों के अनुरूप ढाल सके। यह और भी अधिक कठिन है।

इस दिशा में प्रयास यही होना चाहिए कि कम्प्यूटर को भाषा के सम्पूर्ण ज्ञान से सम्पन्न करने के लिए सर्वप्रथम यह कार्य किसी एक भाषा के सन्दर्भ में जितनी अधिक पूर्णता के साथ सम्पन्न हो सके, उसे सम्पन्न कर लेना चाहिए। उसके बाद कम्प्यूटर को अन्य भाषाओं को भी समझने में दक्ष बनाने के लिए अन्य भाषाओं की इकाइयों, अभिलक्षणों आदि के द्वारा पहली भाषा की इकाइयों आदि का स्थान[illegible] कर दिया जाए।

## (5) भाषिक विश्लेषण की समस्या

कम्प्यूटर अनुवाद तंत्रों के विकास की प्रमुख समस्या भाषा और भाषिक विश्लेषण को लेकर है। मनुष्य अपनी मातृभाषा के अलावा सीखी हुई किसी भाषा का किसी वाक्य अथवा अभिव्यक्ति को पढ़ता-सुनता है तो वह थोड़ा-बहुत प्रयास (या फिर बिना प्रयास के) उसके अर्थ को ग्रहण करने में सक्षम हो जाता है। जबकि कम्प्यूटर, मानव की भाँति बुद्धि सम्पन्न न होकर एक यंत्र है और यांत्रिक प्रक्रिया मात्र से वह भाषा का अर्थ ग्रहण नहीं कर सकता। भाषिक विश्लेषण करते हुए उसे भाषा सम्बन्धी ज्ञान देना अत्यधिक कठिन कार्य है। भाषिक विश्लेषण के अन्तर्गत वाक्यों का संरचनात्मक, अर्थपरक और सन्दर्भपरक विश्लेषण आवश्यक होता है। संरचनात्मक विश्लेषण की तुलना में सूक्ष्म अर्थपरक विश्लेषण कठिन है और सन्दर्भपरक विश्लेषण तो और भी अधिक कठिन। सन्दर्भ सामाजिक-सांस्कृतिक भी हो सकते हैं और धार्मिक-आध्यात्मिक भी। इसके अलावा, वे ऐतिहासिक और भौगोलिक भी हो सकते हैं। इन सन्दर्भों का विश्लेषण मानव-अनुवादक के लिए ही समस्या खड़ी

करता है, मशीन-अनुवादक के लिए तो ये और भी अधिक जटिल कार्य है। कम्प्यूटर, फिलहाल ऐसे विश्लेषण कर पाने में सक्षम नहीं है।

## ( 6 ) उच्च-स्तरीय द्विभाषी कोशों की अनुपलब्धता की समस्या

अनुवाद करते समय मानव अपनी स्मृति को आधार बनाकर चलता है और जरूरत पड़ने पर कोशों की सहायता लेता है। कम्प्यूटर भी अपनी स्मृति को ही आधार बनाता है, किन्तु उसकी स्मृति में शब्दों और उनके पर्यायों को फीड करना पड़ता है। फीड करने के पश्चात् ही कम्प्यूटर शब्दों को अपनी स्मृति में संचित कर पाता है। मानव-अनुवादक द्विभाषिक कोश की सहायता से और विशेष तौर पर स्रोत भाषा के शब्दकोश के आधार पर लक्ष्य भाषा के पर्याय को देख लेता है, किन्तु कम्प्यूटर यह नहीं सोच पाता कि कब कौन-सी भाषा स्रोत भाषा है और कौन-सी लक्ष्य भाषा। इसलिए कम्प्यूटर की स्मृति में दोनों भाषाओं के पर्याय फीड करने होते हैं। इस कारण मशीन अनुवाद के लिए उच्च कोटि के द्विभाषी कोशों का उपलब्ध होना जरूरी है। स्रोत भाषा से लक्ष्य भाषा में मशीनी अनुवाद तब तक सम्भव नहीं जब तक कि दोनों सम्बन्धित भाषाओं का द्विभाषिक कोश कम्प्यूटर प्रणाली में संचित अथवा उपलब्ध न हो। कोशीय संसाधनों के अभाव में अनुवाद-तंत्र सरल नहीं हो पाते हैं। वस्तुतः उच्च-स्तरीय द्विभाषी कोशों के अभाव में यंत्रानुवाद असम्भव है। हालाँकि इस दिशा में कुछ कार्य अवश्य हुए हैं। इस दृष्टि से अंग्रेजी, रूसी, जापानी, चीनी, फ्रांसीसी, जर्मन और हिन्दी में कुछ काम अवश्य हुए हैं परन्तु अन्य भाषाओं में यह कार्य किया जाना अभी शेष है।

## ( 7 ) पर्याय चयन की समस्या

कम्प्यूटर अनुवाद में पर्याय चयन एक प्रमुख समस्या है क्योंकि यह जरूरी नहीं कि प्रत्येक भाषा में एक शब्द का एक ही अर्थ हो। वास्तविकता यह है कि किसी भी भाषा में कोई एक शब्द अनेक अर्थों वाला हो सकता है। और, ये बहुअर्थी शब्द भाव और संरचना की दृष्टि से एक-दूसरे से भिन्न होते हैं। शब्दों के अर्थ, संवेदना से जुड़े होते हैं और संवेदना हृदय की वस्तु है जबकि मशीन हृदयविहीन होती है। कोई भी मशीन मानवीय संवेदनाओं की अनुभूति नहीं कर सकती है। इस दृष्टि से यह चयन करना किसी भी मशीन के वश की बात नहीं है कि सन्दर्भ के अनुसार और अर्थ की दृष्टि से कौन-सा पर्याय सर्वोपयुक्त होगा। उदाहरण के लिए अंग्रेजी के 'Sentence' शब्द को लिया जा सकता है जिसके हिन्दी पर्याय हैं—'वाक्य', 'सजा' और 'दंड'। इसी प्रकार, 'Capital' शब्द के लिए 'पूँजी', 'राजधानी', 'मूलधन', 'बड़ा अक्षर' और 'Security' के लिए 'सुरक्षा', 'प्रतिभूति', 'बचाव' और 'निश्चितता'

पर्यायों को देखा जा सकता है। मानव-अनुवादक तो इनमें से सही अर्थ का चयन कर सकने की योग्यता से सक्षम होता है किन्तु कम्प्यूटर के लिए सही पर्याय चयन करना एक समस्या है।

## ( 8 ) अन्तरण कोश का क्रम व्यवस्थित न होने की समस्या

कम्प्यूटर नियमतः कोश में आए पहले शब्द को ही उठाता है इसलिए कम्प्यूटर अनुवाद तंत्रों को सक्षम बनाने के लिए उसके अन्तरण कोश को क्रम-व्यवस्थित (Heirarchized) करने की जरूरत होती है। यहाँ शब्द को क्रम-व्यवस्थित करने का अर्थ है—उस अनुवाद पर्याय को पहले स्थान पर देना जो सर्वाधिक प्रयुक्त होता है। इस सन्दर्भ में कम्प्यूटर अनुवाद तंत्र में शब्द-विशेष के अर्थ को क्रिया के साथ सम्बद्ध करके भी देखा जा सकता है। उदाहरण के लिए Sanction शब्द लिया जा सकता है जिसका अर्थ 'स्वीकृति' अथवा 'मंजूरी' है। किन्तु यदि वह Lift/ Remove क्रिया के साथ प्रयुक्त हो रहा है तो इसका प्रयोग 'प्रतिबन्ध' होगा। (जैसे America has lifted sanctions against India)

## ( 9 ) विभिन्न भाषाओं के व्याकरणिक वैविध्य की समस्या

संसार में अनेक भाषाएँ व्यवहृत होती हैं और उनके व्याकरण भिन्न-भिन्न हैं। इस कारण एक भाषा से दूसरी भाषा में कम्प्यूटर अनुवाद करना होगा तो दोनों भाषाओं के व्याकरण सम्बन्धी कोश सहायक सिद्ध होते हैं। ये कोश तुलनात्मक आधार पर बनाए जाते हैं। उन कोशों में दोनों भाषाओं की क्षमताओं और विषमताओं की स्थितियों को रेखांकित किया जाना चाहिए।

## ( 10 ) शब्दों-अवधारणाओं के संक्षिप्त रूप और संक्षिप्ताक्षरों के अनुवाद की समस्या

प्रत्येक भाषा में शब्दों और अवधारणाओं को संक्षिप्त रूप में लिखने की प्रवृत्ति पाई जाती है। उच्चारण और प्रयोग की सुविधा को ध्यान में रखते हुए इनके संक्षिप्त रूप और संक्षिप्ताक्षर विकसित कर लिए जाते हैं और भाषा में अक्सर प्रयुक्त किए जाते हैं। भाषा में उनका प्रयोग करने का यह चलन न केवल बोलचाल के स्तर पर दिखाई देता है बल्कि लिखित साहित्य में भी ये भारी मात्रा में प्रयुक्त होते हैं। किन्तु, अन्य भाषा में इनकी स्थिति भिन्न प्रकार की होती है।

भाषा में संक्षिप्त रूपों और संक्षिप्ताक्षरों की भी बड़ी समस्या होती है। स्वाभाविक है कि मशीनी अनुवाद में भी यह समस्या रहेगी। इसलिए कम्प्यूटर अनुवाद करने में इनकी भिन्नताएँ समझकर अनुवाद करने में समस्या उत्पन्न होती है। इसके लिए

अलग से शब्दकोश होना चाहिए। साथ ही इन्हें निरन्तर अद्यतन करते रहने की सुविधा भी चाहिए क्योंकि किसी भी भाषा में नवीन भाषिक प्रयोगों की निरन्तर बनी रहने वाली सम्भावनाओं के कारण संक्षिप्त रूपों और संक्षिप्ताक्षरों में भी निरन्तर विकास होता रहता है। इस समस्या को भी मानव अनुवादक के माध्यम से दूर किया जा सकता है।

## ( 11 ) कहावतों-मुहावरों और लोकोक्तियों के अनुवाद की समस्या

किसी भी भाषा में कहावतें, मुहावरे और लोकोक्तियाँ उसके भाषिक वैशिष्ट्य का प्रमुख अंग होती हैं। ये भाषा में चार चाँद लगा देते हैं। अनुवाद कार्य करते समय दोनों भाषाओं की कहावतें, मुहावरे-लोकोक्तियों के अनुवाद की भी समस्या है क्योंकि ये किसी भी देश की समाज-संस्कृति, आचार-विचार और व्यवहार, रीति-नीति, रहन-सहन एवं जलवायु आदि से सम्बन्धित तो होते हैं किन्तु ये स्थितियाँ सभी देशों में एकसमान न होकर प्रत्येक देश के सन्दर्भ में भिन्न-भिन्न होती हैं। इसलिए सभी भाषाओं की कहावतों और मुहावरे आदि में भी भिन्नता पाई जाती है। इन भिन्नताओं को जानते-समझते हुए और उनसे वांछित अर्थ प्राप्त करते हुए कम्प्यूटर द्वारा अनुवाद करना प्रायः सम्भव नहीं होता। वास्तव में यह ऐसी समस्या है जिसे मानव-अनुवादक स्वयं भी अनुभूत करता है और इससे जूझते हुए अनुवाद कार्य करता है। इस समस्या से भली प्रकार से निपटने के लिए उच्च कोटि के द्विभाषी कहावत और मुहावरा कोश तैयार किए जाने चाहिए। जहाँ तक लोकोक्तियों के अनुवाद का सम्बन्ध है, इनका अनुवाद काफी कठिन है।

## ( 12 ) उच्चारण की समस्या

भाषाओं में उच्चारण के स्तर पर भेद परिव्याप्त होता है। भाषायी विविधता के चलते उनमें शब्दों के उच्चारण में स्वर के आरोह-अवरोह तथा बलाघात से शब्दों के अर्थ बदल जाने के उदाहरण भी मिलते हैं। ऐसे शब्दों के लिखित रूप के सामने आने पर उनमें अर्थ की भिन्नता स्पष्ट नहीं हो पाती। अनुवाद कार्य में अधिकांशतः भाषा के लिखित रूप को ही आधार बनाया जाता है, भले ही वह अनुवाद कार्य किसी मानव-अनुवादक द्वारा किया गया हो या फिर अनुवादक-मशीन द्वारा। इसलिए उच्चारण एक विकट समस्या का रूप धारण कर लेता है। इस समस्या के समाधान के लिए कोई विशिष्ट प्रणाली निर्दिष्ट करने की आवश्यकता है ताकि उसके आधार पर कम्प्यूटर द्वारा बेहतर अनुवाद कार्य सम्भव हो सके।

## ( 13 ) वर्तनी की समस्या

प्रत्येक भाषा के लिखित रूप के लिए कोई न कोई लिपि होती है। भाषा की विभिन्नता के साथ-साथ लिपि के स्तर पर भी भिन्नता नजर आती है। लिपियों की प्रकृति एवं प्रवृत्ति में भिन्नता मिलती है। रोमन, देवनागरी आदि कुछ लिपियाँ बाएँ से दाएँ लिखी जाती हैं। वहीं, अरबी-फारसी और उर्दू जैसी कुछ भाषाओं की लिपियाँ दाईं से बाईं ओर लिखी जाती हैं। जबकि चीनी-जापानी आदि भाषाएँ ऊपर से नीचे की ओर वाली लिपि में लिखी जाती हैं। इसके अलावा, विभिन्न भाषाओं के शब्दों की वर्तनी भी अलग-अलग होती है और ध्वनियों के आधार पर अक्षर भी अलग-अलग होते हैं। वहीं, यह भी देखने को मिलता है कि एक ही जैसी ध्वनि के लिए कई अक्षर होते हैं। उदाहरण के लिए, उर्दू के सीन, से, स्वाद आदि की ध्वनियाँ। शब्दों की वर्तनियों में उच्चारण के आधार पर कई अपवाद भी होते हैं। इस कारण भी कम्प्यूटर में शब्दों की सही वर्तनी ला पाना कठिन कार्य है। अंग्रेजी जैसी भाषा के शब्दों में अक्षर लोप हो जाता है तो देवनागरी लिपि में समान ध्वनि के लिए भिन्न-भिन्न वर्तनियाँ भी होती हैं ( जैसे 'ऋतु' और रितु' शब्द) । इसी तरह से तालव्य 'श' और मूर्धन्य 'ष' से निर्मित शब्दों को भी उदाहरणस्वरूप लिया जा सकता है जिनमें वर्तनी के स्तर पर तो भिन्नता नजर आती है जबकि उनमें सामान्यत: उच्चारण सम्बन्धी भिन्नता महसूस नहीं होती है।

## ( 14 ) विभिन्न विषयों के विशेषज्ञों से सहयोग की समस्या

कम्प्यूटर अनुवाद सम्बन्धी अनुसन्धान कार्य को केवल कम्प्यूटर के क्षेत्र से जुड़े तकनीकविदों से ही सम्बन्धित मानना एक भयंकर भूल रही है। यह मूलत: भाषापरक कार्य है इसलिए इसे कम्प्यूटर विज्ञान के साथ-साथ भाषाविज्ञान के समन्वित प्रयास के रूप में देखना जरूरी है। यह स्वयं में अन्तरविषयी प्रयास है, जो आपसी समन्वय के अभाव में समस्या खड़ी कर देता है।

भाषाविज्ञान के साथ समन्वयन की स्थिति विभिन्न विषयों के विशेषज्ञों के साथ सहयोग की अपेक्षा रखती है। इन विषयों के अन्तर्गत भाषाविज्ञान, कम्प्यूटर भाषाविज्ञान, कोशविज्ञान एवं अनुवादविज्ञान भी शामिल हैं। इन विज्ञान-क्षेत्रों से सम्बन्धित विद्वज्जन कम्प्यूटर अनुवाद सम्बन्धी अनुसन्धान कार्य में विशिष्ट भूमिका निभा सकते हैं।

## ( 15 ) कम्प्यूटरीकृत भाषिक नियमों के मूल्यांकन की समस्या

कम्प्यूटर अनुवाद का क्षेत्र मुख्यत: भाषा-प्रधान है। 'कम्प्यूटर अनुवाद' में शब्द के लिए निर्धारित भाषिक नियमों का कम्प्यूटरीकरण करना है। यह कम्प्यूटरीकरण

सही हो रहा है अथवा नहीं, इसका मूल्यांकन भी जरूरी है जो भाषा एवं अनुवाद विशेषज्ञ द्वारा ही सम्पन्न किया जा सकता है। इस आधार पर कम्प्यूटर अनुवाद के क्षेत्र में भाषा विशेषज्ञों अथवा भाषाविदों एवं अनुवाद विशेषज्ञों के सहयोग की अपेक्षा अनिवार्यतः बनी रहती है। इसके अलावा, भाषा की विभिन्न प्रयुक्तियों का अध्ययन–विश्लेषण भी अपेक्षित होता है जिसे भाषा एवं अनुवाद विशेषज्ञ ही कर सकता है। किन्तु भारत में भाषाविदों एवं अनुवाद विशेषज्ञों की सक्रिय भूमिका की कमी नजर आती है। यही कारण है कि अभी तक कोई भी कम्प्यूटर अनुवाद तंत्र 'वाणिज्यिक उत्पाद' का स्वरूप प्राप्त नहीं कर पाया है।

## निष्कर्ष

इसमें कोई सन्देह नहीं कि अब तक विकसित कम्प्यूटर अनुवाद प्रणालियाँ भाषा–प्रयोग के सामान्य क्षेत्रों में पूरी तरह से सफल नहीं रही हैं। लेकिन इसने जीवन–व्यवहार के सीमित क्षेत्रों के लिए अनुवाद विनिर्देश–आधारित कम्प्यूटर अनुवाद प्रणालियाँ विकसित करने का मार्ग प्रशस्त किया। हालाँकि कम्प्यूटर अनुवाद प्रणालियाँ शब्दशः अनुवाद, सीधी–सादी सूचनाओं का अनुवाद, आँकड़ों का भाषान्तरण, सरकारी प्रलेखों का अनुवाद, वैज्ञानिक एवं तकनीकी सामग्री का अनुवाद, बाल साहित्य एवं सरल पाठ्य–पुस्तकों का अनुवाद तथा लिप्यंतरण आदि क्षेत्रों/सन्दर्भों में इनकी सहायता से कम्प्यूटर की क्षमता का भरपूर उपयोग किया जा सकता है। वहीं, कम्प्यूटर अनुवाद सम्बन्धी कुछेक सीमाओं–समस्याओं के बावजूद स्थिति निराशाजनक नहीं कही जा सकती क्योंकि कम्प्यूटर अनुवाद प्रणालियों का व्यवहार–क्षेत्रवार अनुवाद इस मिथक को तोड़ता है। इससे सही अनुवाद की काफी अधिक सम्भावना बन जाती है और कम्प्यूटर अनुवाद प्रणाली को समझ (Understanding) से सम्पन्न करने पर व्यवहार–क्षेत्रों का विस्तार किया जा सकता है। इतना तो निश्चित ही है कि सूचना प्रौद्योगिकी के क्षेत्र में हो रहे उत्तरोत्तर विकास के फलस्वरूप अनुवादक के लिए सहायक उपकरण सिद्ध होने वाली ऐसी सार्थक कम्प्यूटर अनुवाद प्रणाली अवश्य तैयार होगी जिससे मनुष्य की अनुवाद–क्षमता में अत्यधिक वृद्धि हो जाएगी। वस्तुतः भारतीय भाषाओं और विशेष तौर पर हिन्दी भाषा की समग्र क्षेत्रों में प्रगति के लिए कम्प्यूटर अनुवाद का प्रयोग बहुत जरूरी ही नहीं बल्कि अपरिहार्य भी है।

# विज्ञान एवं प्रौद्योगिकी में अनुसृजन की आवश्यकता के उपाय

**ओम विकास**

## (1) क्या थे, क्या हो गए?

विज्ञान एवं प्रौद्योगिकी के उत्तरोत्तर विकास से 20वीं शताब्दी में औद्योगिक क्रान्ति आई, और अब 21वीं शताब्दी में सूचना क्रान्ति। 2000 वर्ष पहले भारत ज्ञान में विश्व गुरु रहा; समृद्ध था, सो सोने की चिड़िया कहलाया। समय का फेर आया; दूर की मार वाली बन्दूकों वाले साहसी चतुर अंग्रेजों ने भारत और अन्य कई देशों को उपनिवेश बना लिया। मनोबल का ह्रास हुआ, भाषा और विज्ञान का तिरोभाव। शक्ति से उत्साहित हो पश्चिमी विज्ञान का प्रयोगात्मक विकास तेजी से हुआ, विज्ञान साहित्य का प्रणयन भी। प्रौद्योगिकी के आधार पर उद्योग लगे, व्यापार बढ़ा। 'जैसी रानी, वैसी वाणी', अंग्रेजी भाषा स्वीकारी जाने लगी। विज्ञान एवं प्रौद्योगिकी की जानकारी की विपुलता एवं सुलभता के कारण अंग्रेजी सबल बनी। प्रशासन की पहुँच के लिए भी अंग्रेजी का आश्रय बढ़ता गया। जनमानस की यथा मनोवृत्ति, अंग्रेजी के प्रति मोह बढ़ा, अस्मिता छिपाने लगे, दीनता को ढाँककर सहिष्णु दिखने लगे।

तदनन्तर प्रतिक्रिया का भाव जागा, अंग्रेजों को भगाया, हम स्वतंत्र हुए, अपनी भाषा और संस्कृति के प्रति सचेष्ट और कटिबद्ध। स्वतंत्रता के बाद सर्वाधिक बोली जाने वाली हिन्दी भाषा को समृद्ध और प्रयोज्य बनाने के लिए भारत सरकार ने कई परियोजनाएँ बनाईं; संस्थान खोले जैसे वैज्ञानिक एवं तकनीकी शब्दावली आयोग, केन्द्रीय हिन्दी निदेशालय, केन्द्रीय हिन्दी संस्थान, अन्तर्राष्ट्रीय हिन्दी विश्वविद्यालय। राजभाषा हिन्दी के प्रयोग संवर्धन के लिए भारत सरकार में राजभाषा विभाग खोला गया। लेकिन अंग्रेजी बढ़ती गई, और आज सॉफ्टवेयर जनशक्ति का विशिष्ट गुण बन गई है, जो भारत को सूचना प्रौद्योगिकी के क्षेत्र में महाशक्ति बनाने में सहायक कही जाती है।

## ( 2 ) ज्ञानं उत्तमम्

भारत औद्योगिक क्रान्ति के लाभ नहीं ले सका; विनिर्माण आधार मजबूत नहीं बन सके। बीसवीं शताब्दी के उत्तरार्ध में कम्प्यूटर का विकास हुआ। संख्याओं को जोड़ने, घटाने, गुणा करने की प्रक्रिया को तेजी से कर सकने के उद्‌देश्य से मैनुअल (हस्तचालित) कम्प्यूटर (संगणक) विकसित हुए। दो हजार वर्ष पहले अबाकस की गुर्रियों से संगणना करते थे। 17वीं सदी में पास्कल और लीबनिज ने यंत्र संगणक बनाए। 18वीं सदी में बैवेज ने एनालिटिक इंजिन की अभिकल्पना दी। इसके संगणन सिद्धान्तों के आधार पर ही 19वीं सदी में इलेक्ट्रॉनिक कम्प्यूटर बनाए गए। 20वीं सदी के पूर्वार्द्ध में गणना–प्रधान समस्याओं के समाधान के लिए बड़े–बड़े कम्प्यूटर लगाए गए, सदी के उत्तरार्ध में कम्प्यूटर की प्रोसेसिंग और मेमोरी चिप आकार में लघुतर और क्षमता में बृहत्तर तथा कीमत में लगातार कम होते गए। कम्प्यूटर व्यक्तिपरक (पर्सनल) बन गए। पर्सनल कम्प्यूटर तेजी से प्रचलन में आए। ले जाने में सुगम (पोर्टेबल) लैपटॉप कम्प्यूटर, हथेली भर आकार के पाम कम्प्यूटर, डिजिटल डायरी, पर्सनल डिजिटल असिस्टेंट आदि का प्रयोग बढ़ने लगा। 1950 से 1975 के अन्तराल में डेटा पर बल दिया जाता था, डेटा प्रोसेसिंग के टूल्स विकसित हुए। 1975 से 2000 के दौरान सूचना (इन्फोर्मेशन) पर बल दिया जाने लगा। इन्फॉर्मेशन सिस्टम, कंटेंट क्रिएशन इंटरनेट टूल्स के क्षेत्र में तकनीकी विकास हुए। सूचना प्रौद्योगिकी का विकास हुआ। सूचना प्रौद्योगिकी (इन्फॉर्मेशन टेक्नोलॉजी) में कम्प्यूटर, कम्यूनिकेशन, कंज्यूमर इलेक्ट्रॉनिक्स एवं कन्टेंट टेक्नोलॉजी का संगम है। इसमें सूचना संग्रह, संगणन और संचार का समाहार नव–नवीन सम्भावनाओं को प्रशस्त करता है। सूचना 'कि'—चार गुण प्रधान बनती है अर्थात् किसी भी समय, किसी भी स्थान पर, किसी को भी और किसी भी रूप में सूचना को प्राप्त कर सकते हैं। सूचना के विविध रूप वर्णाक्षर ध्वनि, चल व अचल चित्र, स्वचलन–मल्टीमीडिया टेक्नोलॉजी के माध्यम से संगृहीत किए जा सकते हैं, खोज निकालकर प्रदर्शित और संचारित किए जा सकते हैं। ऐसी समृद्ध सूचना सामग्री इंटरनेट मीटर, घरेलू उपकरण भी एक–दूसरे से जुड़ने लगे हैं; उन पर सूचना ले सकते हैं; उनसे सूचना अन्यत्र भेज सकते हैं, उनकी ऑन/ऑफ स्थिति, तापमान और अन्य माप रीडिंग जान सकते हैं; उन्हें नियंत्रित कर सकते हैं।

सूचना की बहुलता ही पर्याप्त नहीं है। सूचना निर्णय में सहायक हो, अनुभवों का सार सिद्ध हो, प्रयोक्ता की रुचि और कार्य प्रणाली के अनुकूल हो, सन्दर्भ के अनुसार हो। ऐसी सूचना को 'ज्ञान' कह सकते हैं। 21वीं शताब्दी में ज्ञान पर बल दिया जाएगा। ज्ञान निरूपण, निर्वचन, संक्षेपण, प्रबन्धन, आदि प्राविधियों का

विकास होगा। बुद्धिपरक उपकरण उपलब्ध होंगे, कम से कम अभिव्यक्ति में समुचित जानकारी मिल सकेगी। 'वसुधैव कुटुम्बकम्' साकार होगा। चुनौती है। उभरते हुए ज्ञान पोषित समाज में सर्वे भवन्तु सुखिनः सर्वे सन्तु निरामयः। प्रवहवान सरिता के समान ज्ञान में सतत नवीनता हो। ज्ञान कर्मी (नॉलेज वर्कर) की औसत उत्पादकता अर्थात् योगदान क्षमता सामाजिक एवं आर्थिक उन्नयन का मापदंड होगी।

प्रत्येक अर्थव्यवस्था में मानव संसाधन की महत्त्वपूर्ण भूमिका रही है। फ्रेडरिक टेलर (1856-1915) के अध्ययन और विश्लेषण के अनुसार 20वीं शताब्दी में विनिर्माण (मैन्यूफैक्चरिंग) के क्षेत्र में श्रमिक-उत्पादकता लगभग 3.5 प्रतिशत वार्षिक की दर से 50 गुनी हो गई। इससे आर्थिक और सामाजिक लाभ मिले। जिस देश में श्रमिक उत्पादकता में अपेक्षित वृद्धि न हो सकी, उनकी अर्थव्यवस्था पिछड़ गई। टेलर के अनुसार व्यक्तिपरक कौशल प्रमुख नहीं है। 'कौशल' सरल कार्य पदों का क्रमबद्ध संकलन मात्र है। कार्य को सरल कार्य पदों में क्रमवार व्यवस्थित करके बार-बार करने की जानकारी उत्पादकता में वृद्धि कारक है। 20 वर्ष के प्रयोग के बाद टेलर के कार्य-पद विश्लेषण एवं प्रबन्धन के सिद्धान्त 'साइंटिफिक मैनेजमेंट' के रूप में और प्रथम विश्वयुद्ध के बाद 'इंडस्ट्रियल इंजीनियरिंग' के रूप में प्रसिद्ध हुए। TQM (सम्पूर्ण गुणवत्ता प्रबन्धन) के जनक डब्ल्यू.ई. डेमिंग (1900-1993) ने टेलर के सरल कार्य पद सिद्धान्त को आधार बनाया। 21वीं शताब्दी के प्रारम्भ में ही ज्ञान क्रान्ति ध्वनित हो चुकी थी। सूचना टेक्नोलॉजी के तेजी से विकास और प्रसार से ज्ञान पोषित समाज (नॉलेज बेस्ड सोसायटी) के आविर्भाव की अवधारणा प्रबल होती जा रही है। समय और दूरियाँ संकुचित होती जा रही हैं। गति और गुणवत्ता के साथ ज्ञान वैविध्य की सुलभता महत्त्वपूर्ण बन गई। ज्ञान सम्पोषित विनिर्माण एवं सेवाओं पर बल दिया जाने लगा है। श्रमिक-उत्पादकता की भाँति 21वीं शताब्दी में ज्ञानकर्मी की उत्पादकता महत्त्वपूर्ण हो गई है। कार्यविधि के पूर्व नियमन और मशीनीकरण की अपेक्षा कार्यकर्ता को स्वायत्तता और उसके योगदान में नवीनता पर बल दिया जाएगा।

ज्ञानकर्मी की उत्पादकता बढ़ाने के सन्दर्भ में पीटर ड्रकर (1909) ने विचार-बिन्दु बताए हैं;

(1) ज्ञानकर्मी को अपने कर्तव्य और दायित्व का ज्ञान हो। विकल्प होने पर स्वविवेक से निर्णय ले सके जिससे सेवा भोगी/ग्राहक को सन्तुष्टि हो।

(2) ज्ञानकर्मी स्वयं अपने को व्यवस्थित करता है, इसलिए उसे स्वायत्तता देना आवश्यक है।

(3) ज्ञानकर्मी के कार्य निष्पादन और दायित्व निर्वाह में सतत नवीनता हो, नवाचार हो।

(4) ज्ञानकर्मी लगातार सीखने और सिखाने की प्रक्रिया को अपने कार्य का अभिन्न भाग माने।

(5) ज्ञानकर्मी की उत्पादकता की माप कार्य के परिमाण (क्वांटिटी) से नहीं की जा सकती, प्रत्युत कार्य की गुणवत्ता (क्वालिटी) महत्त्वपूर्ण है।

(6) ज्ञानकर्मी को परिसम्पति (असेट) रूप में देखा जाए, परिव्यय (कॉस्ट) के रूप में नहीं। संस्था यह माने कि ज्ञानकर्मी अन्य अवसरों की तुलना में संस्था के हित में काम करना चाहता है।

21वीं शताब्दी के जिन देशों में ज्ञानकर्मी की योगदान-क्षमता अधिक होगी, वे ही अर्थ शक्ति बन सकेंगे। पश्चिम के विकसित देशों में विनिर्माण का आधार है, इसका ज्ञान है जिसे वे टेक्नोलॉजी प्रबन्धन के रूप में बदलकर विश्व स्तर पर आगे है और अब सूचना क्रान्ति से एक और एक मिलाकर ग्यारह जैसा बड़ा लाभ कमाने में उद्यत हैं। सूचना क्रान्ति से सभी देशों के सामाजिक, सांस्कृतिक, आर्थिक और राजनीतिक पक्ष प्रभावित होते हैं। सॉफ्टवेयर विकास का लगभग 80 प्रतिशत कार्य डेटा एंट्री, डिबगिंग, प्रोग्राम कन्वर्जन जैसा सामान्य है, जो विकासशील देशों को दिया जाने लगा। सॉफ्टवेयर का केन्द्रक विकास और प्रबन्धन का प्रमुख कार्य अपने पास रखकर विकसित देश अधिकाधिक लाभ कमा रहे हैं।

## (3) निज भाषा उन्नति का मूल

राष्ट्रीय स्तर पर विचारणीय है कि भारत के ज्ञानकर्मी में 'उद्योग कौशल और ज्ञान में नवाचार' दोनों का समन्वय हो। इस सन्दर्भ में आधुनिक विज्ञान, विज्ञान एवं प्रौद्योगिकी की जानकारी बिना समय खोए जनसामान्य तक पहुँच सके जिससे उनका भी नवीनतामय योगदान सम्भव हो। इसके अतिरिक्त अतीत की गौरवमय परम्परा से जुड़कर सतत शोधमय आधुनिक विज्ञान एवं प्रौद्योगिकी की जानकारी नितान्त आवश्यकता है। लेकिन भाषा बाधक तत्त्व है। भारत में भाषायी विविधता है लेकिन सांस्कृतिक ऐक्य है, वैचारिक साम्य है। हिन्दी आधे भारत में भलीभाँति और शेष में अधिकांशतः समझी जाने वाली भाषा है। राजभाषा है, राष्ट्रभाषा भी है, यही लिंक भाषा है। हिन्दी की प्रकृति भी प्रगतिशील है, समाहरण इसकी विशिष्टता है, सरलता इसका आचार है, लचीलापन, लोकप्रियकारी है।

अंग्रेजी में विपुल विज्ञान साहित्य और प्राविधियों को हिन्दी में लाने के निरन्तर प्रयास आवश्यक हैं, लेकिन इस समय अंग्रेजी और हिन्दी में उपलब्ध विज्ञान साहित्य की खाई बड़ी है, और बढ़ती जा रही है, जनसंख्या अधिक है, प्रचलित

शब्द पराए हैं, जनमानस की जड़ता नवाचार को नकारती है। बाधक तत्त्व अनेक हैं। सेतु-उपाय ऐसे हों, जिन्हें राष्ट्रीय स्तर पर कम से कम समय में करना सम्भव हो, सामूहिक योगदान की सम्भावना है। प्रयोग पर बल हो, ज्ञान और उद्योग में सामंजस्य हो, वैज्ञानिक दृष्टिकोण के विकास का लक्ष्य हो। इन प्रयासों के मापन, मूल्यांकन और संशोधन की भी व्यवस्था हो। सूचना प्रौद्योगिकी के कारण सम्भावित 'डिजिटल डिवाइड' अर्थात् इलेक्ट्रॉनिक रूप में सूचना लेने-देने की शक्यता के आधार पर समाज का विभाजन विकराल एवं बीभत्स स्वरूप धारण कर सकता है, यदि समय रहते इस दिशा में प्रभावकारी कदम नहीं उठाए गए। योजनाबद्ध कार्यक्रम बनाने और कार्यान्वित करने की आवश्यकता है। प्रचार-प्रसार में संस्थागत प्रयासों से अधिक महत्त्वपूर्ण प्रयास होंगे व्यक्तिगत स्तर पर। समवेत होकर सह-विकास की प्रवृत्ति लाभकारी होगी।

अंग्रेजी और हिन्दी में विज्ञान साहित्य के विकराल अन्तराल को भरने के लिए विज्ञान साहित्य सृजन की प्रमुख विधाएँ हैं।

**( 1 ) शब्द परिचय :** शब्दावली विज्ञान साहित्य सृजन के लिए आधाभूत सम्पदा है। शब्दकोश, परिभाषा कोश, समांतर कोश, व्यवहार कोश, विषयपरक संक्षिप्त शब्दकोश/ शब्दावली आदि अभिव्यक्ति में एकरूपता के लिए उपयोगी होते हैं।

**( 2 ) मौलिक लेखन :** आदर्श स्थिति है कि विज्ञान साहित्य का मौलिक सृजन हो। विकसित राष्ट्र में मौलिक लेखन स्वाभाविक प्रक्रिया है। मौलिक लेखन, प्रस्तुति और चर्चाओं को प्रोत्साहित किया जाए।

**( 3 ) अनुवाद :** अनुवाद में विशेषज्ञों की भूमिका कम हो जाती है, कॉपीराइट आदि की समस्याएँ पड़ती हैं। पर लगाम लगी रहती है। भाषाविद् अनुवादक विज्ञान का पारंगत नहीं हो सकता; जार्गन्स को सरल अर्थ नहीं दे सकता।

**( 4 ) अनुसृजन :** मौलिक लेखन और अनुवाद के बीच सेतु-उपाय है अनुसृजन (ट्रांसक्रिएशन) ! विशेषज्ञ किसी विज्ञान पुस्तक को आधार मानकर रचना करता है; अधिकांश विचार और उदाहरण उस पुस्तक से, शेष अन्य पुस्तकों/पत्रिकाओं से और निज अनुभव के आधार पर। सभी स्रोत रचनाओं के सन्दर्भ में सूचीबद्ध करता है। इसमें विज्ञान-विशेषज्ञ को सुविधा है; उपयोगिता की स्पष्टता है, सर्जनात्मक अभिव्यक्ति की स्वतंत्रता है; उपादेयता के प्रति सचेष्टता है।

**( 5 ) सूत्रबिन्दु लेखन :** विस्तार को हटाकर मुख्य विचार बिन्दुओं को ही लिखते हैं। विज्ञान विशेषज्ञ और प्रबुद्ध पाठक, दोनों के पास समय का अभाव है। विज्ञान विशेषज्ञों को इस प्रकार लिखने में सरलता है। इस प्रकार नवीन खोजों और विज्ञान विहंगम की उपलब्धता बढ़ेगी।

**( 3.1 ) अनुवाद की समस्याएँ :** ललित साहित्य की अपेक्षा विज्ञान साहित्य में स्पष्टता, संकल्पना, अभिव्यक्ति की शुद्धता, मानक शब्दों के प्रयोग, सरल वाक्य रचना पर बल दिया जाता है। श्लेषादि अलंकार मान्य नहीं। इसका तात्पर्य यह नहीं कि विज्ञान लेखन में रचनात्मकता का अभाव है। सम्प्रेषणीयता, सही तथ्य, तर्कसंगत विषय प्रतिपादन, अन्य विशेषज्ञों का यथोचित उल्लेख, उपयुक्त सन्दर्भन, विज्ञान साहित्य की उत्कृष्टता के मापदंड हैं। सम्प्रेषणीयता के लिए लौकिक उदाहरण भी होते हैं। समाज के ज्ञान स्तर के अनुसार कुछ शब्द प्रचलन में होने से उनकी व्याख्या सीमित होती है, कुछ संकल्पनाओं के लिए मात्र एक शब्द पर्याप्त नहीं होता। इस प्रकार लेखन में रचनात्मकता अपेक्षित है।

अंग्रेजी से हिन्दी में अनुवाद की कई व्यावहारिक कठिनाइयाँ हैं। अंग्रेजी में पिछले 50 वर्षों में विज्ञान शब्दावली का बहुत तेजी से विकास हुआ है। विज्ञान प्रसार की दृष्टि से अंग्रेजी में विषयपरक शब्दकोश, समानान्तर कोश, सन्दर्भ कोश, और परिभाषा कोश भी बनाए गए हैं। लेखकों की सुविधा के लिए वर्ड प्रोसेसर में अनेक सुविधाएँ उपलब्ध हैं जैसे वर्तनी जाँच (Spell Check), व्याकरण जाँच (Grammer Check), शैलीप्रबोधन (Stylistics), संक्षेपीकरण (Summerisation)। शब्दकोश, सन्दर्भ कोश आदि भी उपलब्ध हैं। लेखक को इन सुविधाओं के कारण रचनात्मक लेखन में आसानी होती है। अंग्रेजी की तुलना में हिन्दी में आधुनिक विज्ञान साहित्य का सृजन नगण्य-सा है। हिन्दी के शब्द संसाधकों में शैली प्रबोधन सॉफ्टवेयर का अभाव है; वर्तनी और व्याकरण का समुचित मानकीकरण भी नहीं है; सम्प्रेषणीयता मापन पर भी कोई सामग्री नहीं है।

शब्द निर्माण इस प्रकार किया जाए कि शब्द छोटे हों, संकल्पनाओं के शब्दों से मेल खाते हों। शब्द स्वयं में परिभाषित हों, परम्परागत ज्ञान से जोड़ने में सहायक हों और सम्भावित नई संकल्पनाओं के लिए नए शब्द का आधार बनें। सूचना प्रौद्योगिकी की शब्दावली के सन्दर्भ में निम्नलिखित शब्द उदाहरणस्वरूप प्रस्तुत हैं। द्वल (द्वयंक + द्वल = Byte), अन्तक (Terminal), अनुकार (Simulation), क्रमादेश (Programme), अनुदेश (Instruction), उपनेमिका (Sub-routine), अभिकलन (Computing), प्राचल पारण (Paramete Passing), आगम-निर्गम (Input-Output), संचिका (File), सभी भारतीय भाषाओं में संस्कृत के मूल और अपभ्रंश शब्द प्रचलित हैं क्योंकि यह जननी भाषा है। इसलिए ऐसे शब्दों का प्रयोग उचित होगा। संक्रमण (ट्रांजिशन) काल में अंग्रेजी के प्रचलित शब्दों का प्रयोग करें और साथ-साथ परिभाषा के संक्षेप रूप हिन्दी के शब्द भी।

प्रायः देखा गया है कि मानक शब्दावली के शब्द प्रारम्भिक व्यवहार में अटपटे लगते हैं, जो शब्द कठिन होते हैं अथवा शब्द अटपटे लगते हैं। वस्तुतः व्यवहार

ही शब्दों की ग्राह्यता और सुगमता को सुनिश्चित करता है। अनुवाद कार्य चुनौती पूर्ण है, सीमा बँधी होती है। संकल्पनाओं को उसी तरह व्यक्त किया जाए जैसा कि मूल लेखक ने कहा है। अपनी तरफ से कुछ न जोड़ना, विशुद्धता बनाए रखना, वाक्य एवं अर्थगत संरचना की संरक्षा करना आवश्यक है। कभी-कभी ऐसा उदाहरण, जो एक विशिष्ट समाज के गुण-धर्म के बोधक हैं, उन्हें ज्यों का त्यों अनूदित कर दिया जाता है। अनुवादक का प्रयास होता है कि मूल लेखक की शैली को भी बनाए रखे। इस प्रकार सीमाओं में बँधकर अभिव्यक्ति की सम्प्रेषणीयता एवं रचनात्मकता भी सीमित रहती है। हिन्दी में विज्ञान साहित्य का अनुवाद प्रायः लोकप्रिय नहीं रहा है। संक्षेपाक्षरों जैसे WTO, WHO, STP आदि को देवनागरी में डब्ल्यू टी ओ, डब्ल्यू एच ओ, एस टी पी लिखकर अनुवादक सन्तोष कर लेता है। देवनागरी वर्णों को देखकर शब्द का मूल स्वरूप का स्मरण सम्भव नहीं होता है। रासायनिक सूत्रों के नाम जैसे $H_2O$, $H_2SO_4$, $CH_4$ आदि को देवनागरी में लिखने में विषय की ग्राह्यता कम होगी। इसलिए रासायनिक संक्षेपाक्षरों को ज्यों का त्यों रोमन में लिखना उचित होगा।

**( 3.2 ) अनुसृजन की सम्भावनाएँ :** मौलिक लेखन वांछनीय है। विदेशी भाषाओं से हिन्दी में अनुवाद के द्वारा जानकारी उपलब्ध कराई जा सकती है; विज्ञान साहित्य की कमी की कुछ भरपाई तो सम्भव है; लेकिन इस प्रक्रिया से विज्ञान साहित्य सृजन को स्थायित्व देना सम्भव नहीं है। प्रायः अनूदित साहित्य उतनी रुचि से नहीं पढ़ा जाता जितना मौलिक साहित्य। इन दोनों के बीच में अनुसृजन (Transcreation) की विधा अधिक उपयोगी सिद्ध होगी। इस विधा के अन्तर्गत भौतिक रसायन शास्त्र, जीव विज्ञान, प्राणि विज्ञान, इलेक्ट्रॉनिकी, कम्प्यूटर विज्ञान, अन्तरिक्ष विज्ञान, जेनेटिक्स, औषधि विज्ञान, आयुर्विज्ञान, खगोल विज्ञान आदि अनेक विज्ञान आधुनिक विषयों पर अंग्रेजी, जर्मन, फ्रेंच आदि भाषाओं में प्रचुर मात्रा में साहित्य सृजन हुआ है। अमेरिका, यूरोप, जापान में विज्ञान एवं प्रौद्योगिकी पर अनवरत शोध एवं विकास कार्य होते जा रहे हैं। इसलिए वहाँ का विज्ञान साहित्य नवीन है, शोधपरक है, प्रयुक्त एवं परिष्कृत टेक्नोलॉजी पर आधारित है, जीवन्त है।

औद्योगिक एवं आर्थिक विकास का आधार विज्ञान एवं टेक्नोलॉजी है। आर्थिक विकास जनसामान्य की भागीदारी के बिना सम्भव नहीं है। जनसामान्य की भागीदारी के लिए आवश्यक है कि समाज विज्ञान और टेक्नोलॉजी की जानकारी को उत्सीमा (थ्रेसहोल्ड) स्तर पर आत्मसात् कर लें। भारत की 100 करोड़ जनसंख्या में से 95 करोड़ से अधिक जनसंख्या अंग्रेजी नहीं समझती। लगभग 80 करोड़ से अधिक जनसंख्या हिन्दी समझती है। इतनी विशाल जनसंख्या के लिए हिन्दी में विज्ञान

साहित्य उपलब्ध करना नितान्त आवश्यक है। लगभग 20 प्रतिशत मौलिक लेखन, 20 प्रतिशत अनुवाद और 60 प्रतिशत अनुसृजन से समसामयिक विज्ञान साहित्य को हिन्दी में उपलब्ध कराने की योजना बनाई जाए। ज्ञातव्य है कि वाल्मीकि रामायण संस्कृत में मूल ग्रन्थ था। इसके आधार पर हिन्दी में तुलसीदास ने रामचरितमानस लिखा, ब्रजभाषा में राधेश्याम रामायण प्रचलित हुई। ये सब अनुसृजन की विधा के अन्तर्गत कहे जाएँगे।

INSDOC से प्राप्त सूचना के आधार पर विज्ञान एवं प्रौद्योगिकी में शोध पत्रों के प्रकाशन के तुलनात्मक आँकड़े इस प्रकार हैं :

| | 1995 | 1996 | 1997 | 1998 | 1999 |
|---|---|---|---|---|---|
| विश्व स्तर पर | 707683 | 730123 | 745819 | 770591 | 785222 |
| भारत में | 11084 | 11177 | 11067 | 12128 | 12521 |
| प्रतिशत | 1.566 | 1.531 | 1.484 | 1.574 | 1.595 |

विश्व में विज्ञान एवं प्रौद्योगिकी के क्षेत्र में वर्ष 1999 में प्रकाशित शोध पत्र और पृष्ठों का अनुमान इस प्रकार है :

| | |
|---|---|
| जर्नल्स | 45876 |
| अनुमानित पृष्ठ | 59,47,961 |
| विज्ञान पुस्तकें | 81696 |
| अनुमानित पृष्ठ | 1,63,39,200 |

अनुमानतः 50 लाख पृष्ठ प्रति वर्ष अंग्रेजी में शोधात्मक लेखन हो रहा है। इसका 2 प्रतिशत अर्थात् 1,00,000 पृष्ठ प्रति वर्ष विज्ञान एवं तकनीकी साहित्य ऐसा है, जिसमें मौलिकता है, नवीनता है। विगत पचास वर्षों में हिन्दी में नवीन विज्ञान साहित्य की कभी अंग्रेजी की अपेक्षा 10 बढ़ोत्तरी प्रति वर्ष मानने पर 2 लाख पृष्ठों के होने का अनुमान है। पुनरावृत्ति और परिष्कार को ध्यान में रखें तो आज नवीन विज्ञान एवं तकनीकी के साहित्य की कमी का अन्तराल कम से कम 1 लाख पृष्ठ का है। 21वीं शताब्दी में सूचना प्रौद्योगिकी की सुगमता, सुलभता और व्यापकता के कारण नवीन विज्ञान साहित्य में प्रति वर्ष 20 प्रतिशत बढ़ोत्तरी होने का अनुमान है; 5 वर्ष में 2 गुना हो जाएगा। समस्या के विकराल स्वरूप को अतिरंजित करना आसान है लेकिन इसका लोक समाज पर दुष्प्रभाव होगा। इसलिए अनुमान के आँकड़े कम स्तर पर हैं। हमारा लक्ष्य इस प्रकार हो कि इस कमी को

युक्तिपूर्वक पूरा कर सकें; पारम्परिक विज्ञान संकल्पनाओं से भी जोड़ सकें; नवीन विज्ञान में भारतीय समाज के योगदान को उत्तरोत्तर बढ़ा सके तथा लोक भाषा में विज्ञान साहित्य का प्रणयन और विज्ञान के प्रचार-प्रसार व्यवहार की सहज प्रवृत्ति अपना सकें।

हिन्दी में अंग्रेजी की अपेक्षा विज्ञान में कमी, भरपाई लक्ष्य इस प्रकार हैं :

| वर्ष | 2000 | 01 | 02 | 03 | 04 | 05 | 06 | 07 | 08 |
|---|---|---|---|---|---|---|---|---|---|
| न्यूनतम कमी प्रतिवर्ष | 100 | 120 | 145 | 170 | 200 | 240 | 290 | 350 | 420 |
| (-हजार पृष्ठ) | (+100)* | | | | | | | | |
| कुल भरपाई लक्ष्य | 05 | 10 | 20 | 40 | 80 | 160 | 240 | 320 | 400 |
| (-हजार पृष्ठ) | | | | | | | | | |
| 200 पृष्ठ की पुस्तकें | 25 | 50 | 100 | 200 | 350 | 600 | 800 | 1000 | 1200 |
| अनुसृजन विधा से | 00 | 01 | 02 | 03 | 04 | 05 | 06 | 07 | 08 |
| भरपाई लक्ष्य | 03 | 06 | 12 | 24 | 48 | 96 | 144 | 192 | 240 |
| (-हजार पृष्ठ) | | | | | | | | | |
| अनुमानित व्यय | 4.5 | 9 | 18 | 36 | 72 | 144 | 216 | 288 | 360 |
| (-लाख रुपये) | | | | | | | | | |
| मौलिक लेखन से | | | | | | | | | |
| भरपाई लक्ष्य | 01 | 02 | 04 | 08 | 16 | 32 | 48 | 64 | 80 |
| (-हजार पृष्ठ) | | | | | | | | | |
| अनुमानित व्यय | 3.0 | 6.0 | 12.0 | 24 | 48 | 96 | 144 | 192 | 240 |
| सुबोध अनुवाद से | | | | | | | | | |
| भरपाई लक्ष्य | 01 | 02 | 04 | 08 | 16 | 32 | 48 | 64 | 80 |
| अनुमानित व्यय | 3.0 | 6.0 | 12.0 | 24 | 48 | 96 | 144 | 192 | 240 |
| (-लाख रुपये) | | | | | | | | | |
| कुल | 10.5 | 21 | 30 | 84 | 168 | 336 | 504 | 672 | 840 |
| (-लाख रुपये) | | | | | | | | | |
| तकनीकी लेखन/ | 4.5 | 9 | 10 | 11 | 12 | 14 | 16 | 18 | 20 |
| अनुसृजन कार्यशालाएँ | | | | | | | | | |
| कुल व्यय | 15 | 30 | 40 | 95 | 180 | 350 | 520 | 690 | 860 |

* बैकलॉग 1,00,000 पृष्ठ हैं।

इस परियोजना को सफल बनाने के लिए आवश्यक है कि अनुसृजन/तकनीकी लेखन कार्यशालाएँ आयोजित की जाएँ। सभी विभाग/मंत्रालय अपने-अपने कार्यक्षेत्र से सम्बन्धित तकनीकी विषयों पर मौलिक लेखन, अनुवाद और अनुसृजन के समयबद्ध सुनियोजित कार्यक्रम बनाएँ, जिससे निर्धारित लक्ष्यों को पूरा किया जा सके।

विभागीय राजभाषा समिति और केन्द्रीय हिन्दी समिति में भी इस दिशा में हुई प्रगति की समीक्षा की जा सकती है।

प्रस्तावित दायित्व इस प्रकार हैं :

| संस्था | तकनीकी लेखन-दायित्व |
|---|---|
| INSDOC (इंडियन साइंटिफिक डॉक्यूमेंटेशन सेंटर) | समन्वयन, इन्टरनेट पर कन्टेंट की व्यवस्था |
| DOL (राजभाषा विभाग) | प्रोत्साहन, समीक्षा सहयोग |
| CSTT (वैज्ञानिक एवं तकनीकी शब्दावली आयोग) | तकनीकी लेखन/अनुसृजन कार्यशालाएँ |
| MIT (सूचना प्रौद्योगिकी मंत्रालय) | (1) सूचना प्रौद्योगिकी विषयों पर तकनीकी लेखन<br>(2) अनुसृजन टूल्स का विकास और प्रयोग-कार्यशाला |
| DST (विज्ञान एवं प्रौद्योगिकी विभाग) | बेसिक साइंसेज आधुनिक विज्ञान दर्शन |
| DBT (जैव प्रौद्योगिकी विभाग) | जैव प्रौद्योगिकी (जैव टेक्नोलॉजी) |
| DOD (सामुद्रिक विकास विभाग) | समुद्र विज्ञान |
| CSIR (वैज्ञानिक एवं औद्योगिक अनुसन्धान परिषद्) | प्रौद्योगिकी अनुसन्धान, टेक्नोलॉजी ट्रांसफर पेटेंट |
| MHO (स्वास्थ्य मंत्रालय) | मेडिकल साइंसेज (एलोपैथिक, होम्योपैथिक) |
| MOE&F (वन एवं पर्यावरण मंत्रालय) | पर्यावरण विज्ञान, वनस्पति विज्ञान, वानिकी |
| MOA (कृषि मंत्रालय) | कृषि विज्ञान |
| MHARD (मानव संसाधन विकास मंत्रालय) | विज्ञान एवं तकनीकी—सभी विषय |

पहली योजना 5 वर्ष (2000-2004) की हो, इसके अनुभव के आधार पर परिष्कृत परिवर्द्धित परियोजना चलाई जाए। इसका अनुमानित व्यय रुपए 360 लाख होगा। 1,00,000 पृष्ठों के बैकलॉग को पूरा करने का दायित्व DST (विज्ञान एवं प्रौद्योगिकी मंत्रालय) को अन्य योजना के अन्तर्गत 2002 तक पूरा करे। लगभग 200 पृष्ठ की 500 पुस्तकें, 50 संस्थानों के द्वारा 10 पुस्तकें प्रति संस्थान के हिसाब से तैयार कराई जा सकती हैं। इस पर अनुमानित व्यय रुपया 150 लाख होगा। इस प्रकार एक योजना 3 वर्ष अवधि और रुपया 1.5 लाख अनुमानित बजट DST बनाए; 5 वर्ष अवधि और रुपया 360 लाख अनुमानित बजट की दूसरी योजना INSDOC बनाए; समान्तर लक्षित योजनाएँ दूसरे विभाग/मंत्रालय भी बनाएँ। वर्ष 2008 के बाद हिन्दी में शोधात्मक विज्ञान साहित्य का अनुसृजन अंग्रेजी और फ्रेंच,

जर्मन, तक आधुनिक विज्ञान क्षेत्र में लोकभाषा हिन्दी में भी विज्ञान साहित्य का भौतिक सृजन महत्त्वपूर्ण स्तर तक पहुँच जाएगा।

अनुसृजन (Transcreation) को बढ़ावा देने के लिए निम्नलिखित सुझाव हैं—

**( 1 ) सामग्री चयन :** विशेषज्ञ समिति से विषय और उस विषय पर उपलब्ध उच्च कोटि की पुस्तकों, शोध पत्रिकाओं में आलेखों का चयन कराया जाए। कुछ सामग्री इंटरनेट से भी मिल सकती है। इलेक्ट्रॉनिक्स के क्षेत्र में IEEE के प्रकाशनों में से चुन सकते हैं। प्रबन्धन के क्षेत्र में हार्वर्ड बिजनेस रिव्यू में संस्तुत पुस्तकों में से चुन सकते हैं।

**( 2 ) शब्दावली निर्माण :** नए विषयों की शब्दावलियाँ 2001 तक बना ली जाएँ। अद्यतन करने की प्रक्रिया ई-मेल से की जाए। बैठकें भी की जा सकती हैं। संकल्पना के लिए संस्कृत मूल के शब्द ले सकते हैं। शब्द स्वयं में परिभाषित होते हैं। प्रचलित शब्दों को लिया जाए। कोष्ठक में हिन्दी के नए शब्द को देकर प्रस्तुति को सुगम बना सकते हैं। शब्दावली CD-ROM पर हो, इंटरनेट पर भी खोज इंजिन के साथ उपलब्ध हो। शब्दावली विषयपरक भी हों। उदाहरणार्थ इलेक्ट्रॉनिक्स की शब्दावली, इलेक्ट्रिशियन की शब्दावली, पैकेजिंग वर्कशाप की शब्दावली, मेडिकल सांइस की शब्दावली, नर्सों के लिए शब्दावली इत्यादि। विशेषज्ञता और व्यवसाय के अनुसार शब्दावली के विविध प्रकार सम्भव हैं। सभी विज्ञान क्षेत्रों में वर्ष 2001 तक शब्दावली निर्माण अद्यतन हो, इंटरनेट पर हो, CD-ROM पर भी उपलब्ध हो, संकेतिका सूची हो, सन्दर्भन आसान हो।

**( 3 ) अनुसृजन ( Transcreation ) टूल्स :** अनुवाद बहुधा भाषाविद् करते हैं; लेकिन अनुसृजन विषय विशेषज्ञ से ही सम्भव है। अनुसृजन एक व्यक्ति कर सकता है अथवा विशेषज्ञों का दल। भाषाविद् भाषायी शुद्धता और सम्प्रेषणीयता को सुनिश्चित करे। अनुसृजन में सूचना प्रौद्योगिकी बहुत सहायक सिद्ध हो सकती है।

शब्द संसाधक (वर्ड प्रोसेसर)—हिन्दी में उपलब्ध हैं जैसे आई लीप, लीप ऑफिस 2000, अक्षर सुलिपि, श्रीलिपि आदि। इनमें वर्तनी की अशुद्धियाँ इंगित करने के लिए स्पैल चैकर को और अधिक सुधारने की आवश्यकता है जिससे विभिन्न सन्दर्भों में वर्तनी की जाँच निर्णायक स्तर पर हो। इसके लिए कॉपर्स का सहारा लेते हैं। समाचार-पत्र, पत्रिकाएँ, पुस्तकें; ग्रन्थादि से लिए गए कतिपय पृष्ठों के अंशों के संकलन को कॉपर्स कह सकते हैं। इससे शब्दों के प्रयोग-सन्दर्भ आवृत्ति, वर्तनी आदि का विश्लेषण करना आसान होता है। अभी 3 मिलियन शब्दों का हिन्दी कॉपर्स है। व्याकरण चिह्न के साथ 15 मिलियन शब्दों का हिन्दी कॉपर्स बनाया जाए।

शब्द संसाधन में अन्य सुविधाएँ भी जुड़ें जैसे व्याकरण जाँच (ग्रामर चैक),

संक्षेपीकरण (समराइजेशन), संकल्पना आरेख (कन्सेप्ट लो चार्ट), पाठ विश्लेषण (टैक्स्ट एनालिस), शैली लाइजर प्रबोधन (स्टाइलिस्टिक्स), शब्दकोश, मुहावरा कोश, सन्दर्भ कोश, समान्तर कोश श्रेष्ठ रचना संग्रह इत्यादि। अभी हिन्दी में यह सुविधाएँ उपलब्ध नहीं हैं। इसके लिए योजनाबद्ध कार्यक्रम बनाने की आवश्यकता है।

प्राय: वैज्ञानिक व्याकरण की भूलें कर बैठते हैं, इसलिए शब्द संसाधक में व्याकरण जाँच सुविधा बहुत उपयोगी है। अंग्रेजी में यह सुविधा है, हिन्दी में नहीं है। संकल्पना में जिस प्रकार लोचार्ट बनाते हैं; उसी प्रकार संकल्पना चार्ट बनाने से विषय प्रतिपादन तार्किक बन सकेगा, सम्पादन-संयोजन में होने वाली सम्भावित त्रुटियों से बचा जा सकेगा। टैक्स माइनिंग और नॉलेज मैनेजमेंट (ज्ञान प्रबन्धन) में भी बहुउपयोगी होगा। अंग्रेजी में भी यह सुविधा बाजार में नहीं है; हिन्दी में इस पर काम करने की आवश्यकता है। परियोजना बनाई जाए।

टैक्स एनालिस भाषियों का शोध विषय है। शब्द अकेले, युगल और विभिन्न सन्दर्भों में किस प्रकार, किस आवृत्ति में प्रयुक्त है; वाक्य रचना सरल, छोटी, बड़ी जटिल किस रूप की है; एक ही संकल्पना के लिए कौन-कौन से शब्द प्रयोग में लाए गए हैं, किस प्रकार के मुहावरों का प्रयोग है; उदाहरण, मुहावरा, वाक्य रचना और शब्दों का चयन किन लौकिक परिस्थितियों का द्योतक है; इत्यादि प्रकार के अध्ययन के लिए सॉफ्टवेयर तैयार करने की आवश्यकता है। इसके आधार पर सम्प्रेषणीयता निर्णयन किया जा सकता है। अभी तक हिन्दी में सम्प्रेषणीयता सूचकांक (कम्यूनिकेबिलिटी इंडेक्स) पर काम नहीं हुआ है। शोध एवं विकास कार्य किए जाने की आवश्यकता है। स्टाइलिस्टिक्स से लेखन की शैली का वर्गीकरण किया जा सकता है। शैली लेखक की विशिष्टता है। इससे विषय प्रतिपादन अपने ढंग से इस प्रकार करते हैं कि सम्प्रेषणीयता अधिक हो, अभिव्यक्ति आकर्षक और प्रभावी हो। सामान्य लेखक को स्वीकार्य शैली के प्रति सचेत करने के लिए सॉफ्टवेयर हो। स्वीकार्य शैली की विशेषताएँ निश्चित की जाएँ; जैसे वाक्य सरल हों, छोटे हों, विज्ञान लेखन में कर्मवाच्य का प्रयोग अधिक होता है। शब्द क्लिष्ट न हों। नए और जटिल प्रतीत होने वाले शब्दों को सरल वाक्य में पुनर्व्याख्यापित किया जाए।

विविध प्रकार के कोशों को उपलब्ध कराया जाए। इलेक्ट्रॉनिक माध्यम में अच्छे कोश उपलब्ध नहीं हैं; इंटरनेट या इंट्रानेट से अभिगम करना सम्भव नहीं है। शब्दकोश मात्र पर्याप्त नहीं हैं; समान्तर (थेसारस),मुहावरा, सूक्ति, सन्दर्भ कोश भी आवश्यक हैं। कोशों को इलेक्ट्रॉनिक माध्यम में लाने की तत्काल आवश्यकता है।

महाजनो: येन गतः स पंथा:। श्रेष्ठ रचनाओं को देखकर, पढ़कर रचनात्मक लेखन के प्रति प्रेरणा मिलती है। सूचना क्रान्ति में गति और उपलब्धता का महत्त्व है, लेकिन इसके साथ गुणवत्ता/उत्कृष्टता को भी सुनिश्चित किया जाए। हिन्दी में विज्ञान लेखन को जीवन्त बनाने के लिए विज्ञान लेखकों और साहित्यकारों की कतिपय श्रेष्ठ रचनाओं का इलेक्ट्रॉनिक माध्यम पर संग्रह बहुत उपयोगी होगा।

लोटस नोट्स में हिन्दी का प्रयोग हिन्दी में आरेखन की सुविधा मिल सकती है। इसके अतिरिक्त क्लिपआर्ट भी मिल सकें, जिनसे भारतीय सोच और परिवेश का भान हो।

इंटरनेट पर हिन्दी प्रयोग देश में और विदेशों में हिन्दी व्यवहार संवर्धन में आवश्यक है। ई-मेल, ई-वार्ता, ई-विशेष रुचि दल (स्पेशल इंटरनेट ग्रुप) आदि सेवाएँ हिन्दी में उपलब्ध हों। डायनेमिक फांट हों जिससे किसी मित्र को भी हिन्दी ई-मेल भेजा जा सके। उसके पास हिन्दी फांट और की-बोर्ड ड्राइवर होने की आवश्यकता नहीं हो।

**( 3.3 ) सूत्रबिन्दु लेखन :** अंग्रेजी में भाषण देते समय ट्रांसपैरेंसी पर अथवा पॉवर पर मुख्य विचार बिन्दु लिखकर स्क्रीन पर प्रोजेक्ट करके विषय प्रतिपादन में आसानी होती है। व्यस्त श्रोताओं को इसकी फोटोकॉपी मिलने पर वे इसका उपयोग कर सकते हैं। इस आधार पर व्यस्त पाठक को विस्तार हटाकर विषय को सूत्र रूप में संक्षेपित कर लेखन विज्ञानियों को उपयोगी सिद्ध होगा।

उदाहरणार्थ—

- सूचना प्रौद्योगिकी = सूचना + प्रौद्योगिकी
- सूचना प्रौद्योगिकी कम्प्यूटर, कम्यूनिकेशन, कंटेंट टेक्नोलॉजी का संगम है
- प्रौद्योगिकी की अपेक्षा सूचना पर अधिकाधिक बल दिया जाने लगा है।
- सूचना क्रान्ति में नेतृत्व सामान्य लोगों का है।
- व्यापार की सफलता के लिए—
  - — सम्पदा और निजी योगदान की सम्भावनाओं की सर्जना पर बल दिया जाना महत्त्वपूर्ण है।
  - — परिसम्पत्ति और मूल्य नियंत्रण प्रमुख नहीं हैं।

प्रिंट सूचना क्रान्ति के बाद नई सूचना क्रान्ति से सभी क्षेत्रों में क्रान्ति, जैसे

— राजतंत्र
— स्वास्थ्य
— शिक्षा
— मनोरंजन...इत्यादि।

## ( 4 ) विज्ञान लेखन विशेषताएँ

विज्ञान लेखन बहुधा जटिल होता है, नीरस बन पड़ता है। तथ्यों के विकृत किए बिना भी लेखन की सम्प्रेषणीयता बढ़ाई जा सकती है। कुछ सुझाव इस प्रकार हैं :

(1) शब्द स्वयं परिभाषित हों। अंग्रेजी के प्रचलित शब्दों का प्रयोग हो, लेकिन कम से कम पहली बार परिभाषा द्योतक हिन्दी का शब्द भी दिया जाए।

(2) क्लिष्ट प्रतीत शब्दों को सरल ढंग से समझाया भी जाए।

(3) संक्षेपाक्षर अंग्रेजी में ही रहें। अन्तर्राष्ट्रीय मान्य रासायनिक सूत्र भी न बदले जाएँ।

(4) वाक्य छोटे हों, सरल हों।

(5) टैक्स्ट के साथ आरेख चित्र आदि जोड़ने से स्पष्टता बढ़ेगी।

(6) सादृश्य और उदाहरण संस्कृति के अनुरूप हों।

(7) विषय प्रतिपादन में समर्थित कथनों का उसी स्थान पर सन्दर्भ दिया जाए। आलेख के अन्त में सन्दर्भ-सूची अवश्य दी जाए।

(8) पैराग्राफ के शीर्षक सरस और सार्थक हों; साररूप हों।

(9) विज्ञान का गहरा सम्बन्ध प्रयोगों (Experiments) से है; प्रौद्योगिकी (Technology) का सम्बन्ध प्राविधि, उत्पाद और तकनीकी सेवा से है। इसलिए तकनीकी लेखन में प्रयोगों, प्राविधियों, उत्पादों का चित्रण-आरेखन उपयोगी होगा।

(10) तकनीकी लेखन में वैज्ञानिकों के प्रयोग-प्रसंगों का उल्लेख महत्त्वपूर्ण होगा। विषय प्रतिपादन सरस बन पड़ेगा; विद्यार्थियों के लिए प्रेरक प्रसंग होंगे।

(11) तकनीकी लेखन में डिजिटल (खड़ी) अभिव्यक्ति की अपेक्षा लयात्मक अभिव्यक्ति पर बल दिया।

## ( 5 ) अनुसृजन एवं इंटरफेस जनशक्ति

सामाजिक और आर्थिक प्रगति के लिए विज्ञान एवं प्रौद्योगिकी का विशेष महत्त्व है; वैज्ञानिक दृष्टिकोण और आविष्कारोन्मुखी प्रवृत्ति हमारी संस्कृति में घुल जाए, इसके लिए विज्ञान साहित्य सुलभ हो, जनसामान्य की भागीदारी हो, विज्ञान सम्पदा दूसरों से लेते ही न रहें, इसमें अपना भी योगदान करें। सामाजिक व्यवस्था को ध्यान में रखकर विज्ञान विशेषज्ञ को प्रेरित करना है कि वे हिन्दी में शोधपरक तकनीकी लेखन करें। लोकभाषा में तेजी से प्रचार-प्रसार के लिए इंटरफेस (उभयाभिमुखी)

जनशक्ति का विकास करना होगा। उभयाभिमुखी व्यक्ति विज्ञान विशेषज्ञ की तथ्यपरक तकनीकी जानकारी को जनसामान्य के लिए लोकभाषा में सक्षमता से सम्प्रेषित कर सकेगा। वैज्ञानिक और सामान्य लोग दोनों की ओर अभिमुख होने, इंटरफेस का काम करने के कारण इन्हें उभयाभिमुखी कहते हैं। प्रयोजनमूलक हिन्दी के पाठ्यक्रमों में तकनीकी, वाणिज्यिक, प्रशासनिक और जन संचार की हिन्दी पर बल दिया जाए; उनमें IT1 (इन्फॉर्मेशन टेक्नोलॉजी), IT2 (इंट्रोडक्शन टू टेक्नोलॉजी-इंजीनियरिंग, मेडिकल प्रबन्धन का ओवरव्यू/विहंगमन), IT3 (इंटेलीजिबल ट्रांसलेशन-सुबोध अनुवाद), IT4 (इंडस्ट्रियल ट्रेनिंग) अनिवार्य विषय हों।

विज्ञान विशेषज्ञ 20 वर्ष की आयु के बाद हिन्दी में अभिव्यक्ति के अभ्यास से वंचित रहते हैं। इच्छुक वैज्ञानिकों के लिए 3 से 5 दिन की तकनीकी कार्यशालाएँ बहुत प्रभावी सिद्ध होंगी। कार्यशाला में केस स्टडीज, सम्प्रेषण टूल्स पर बल दिया जाए।

माँग और आपूर्ति का अन्योन्याश्रित सम्बन्ध है। माँग बिना आपूर्ति के प्रयास विफल रहेंगे, अस्थायी होंगे। इसलिए आवश्यक है कि स्कूल और कॉलेजों में सप्लीमेंटरी (सहायक) पुस्तकें/आलेख भी प्रस्तावित किए जाएँ। B.tech., MBBS, MSc और समतुल्य डिग्री पाठ्यक्रमों में हिन्दी में सम्प्रेषण क्षमता की भी जाँच का प्रावधान हो। केन्द्र सरकार के सभी वैज्ञानिक पदों पर नियुक्ति और पदोन्नति के समय भी हिन्दी में तकनीकी लेखन के लिए अलग से अंक दिए जाएँ।

तकनीकी लेखन की गुणवत्ता सुनिश्चित करना भी आवश्यक है। हिन्दी में सभी विज्ञान पत्रिकाओं का INSDOC में पंजीकरण कराया जाए। वहाँ से ISSN नम्बर लेना अनिवार्य हो, जैसे पुस्तकों के लिए ISBN नम्बर होता है। पत्रिकाओं का गुणवत्ता-आकलन भी किया जाए।

विभिन्न पुरस्कारों में धनराशि के साथ लगभग 10 प्रतिशत राशि के समतुल्य हिन्दी में सॉफ्टवेयर, विज्ञान विषयक पुस्तकें, कोश इत्यादि भी अवश्य दिए जाएँ। विजेता को हिन्दी रचनाओं की कम्प्यूटरीकृत पुस्तक सूची में से चयन करने का अवसर भी दिया जाए।

विज्ञान पुस्तकों और शोध पत्रिकाओं की जानकारी इंटरनेट पर उपलब्ध हो। प्रवासी भारतीयों के लिए हिन्दी विज्ञान की जानकारी लाभकारी होगी।

## (6) और आगे सार में

भारत गौरवमय अतीत के शिखर पर कुछ अलसाया, लुढ़का, किंकर्त्तव्यविमूढ़ रहा, निराशा में डूबा तब चिन्तकों ने चेताया, आत्मविश्वास जागा और अब महाशक्ति बनने को उद्यत है। इन क्षणों में 'ज्ञान' सर्वोपरि है; विज्ञान प्रगति और शक्ति का

स्रोत है। हिन्दी में विज्ञान एवं प्रौद्योगिकी की सुबोधता और सुलभता बृहत्तर भारतीय समाज की सृजनात्मकता को बढ़ाएगी; 'ज्ञान' और 'मशीनों' के उपभोक्ता मात्र बने न रहकर 'ज्ञान' के सृजक और उद्योग-कुशल बनने में सहायक होगी। अंग्रेजी और हिन्दी में विज्ञान साहित्य का अन्तराल बड़ा है; भरपाई के लिए सुझाव दिए गए हैं। मौलिक लेखन नगण्य है, अनुवाद अल्पपठनीय और अरोचक होता है। तकनीकी लेखन की नई विधा 'अनुसृजन' (Transcreation) प्रस्तावित है इसकी 5 वर्ष की परियोजना का समन्वयन INSDOC करे, अनुमानित बजट 360 लाख रुपये। विगत DST करे, अनुमानित बजट 150 लाख रुपये। CSTT तकनीकी लेखन कार्यशालाएँ आयोजित करे। प्रयोजनमूलक हिन्दी के पाठ्यक्रम में 4 प्रकार के IT विषय हों—इन्फॉर्मेशन टेक्नोलॉजी, इंट्रोडक्शन टू टेक्नोलॉजी, इंटेलीजिबल ट्रांसलेशन, इंडस्ट्रियल ट्रेनिंग। हिन्दी में विज्ञान-कन्टेंट इंटरनेट पर सर्वसुलभ हो। केन्द्रीय शिक्षा संस्थानों के पाठ्यक्रमों, केन्द्रीय सरकार के अधीनस्थ कार्यालयों में नियुक्तियों के लिए साक्षात्कारों में और पदोन्नति के समय हिन्दी में सम्प्रेषण-क्षमता की जाँच अनिवार्य हो। वर्ष 2008 से हिन्दी से अंग्रेजी और अन्य विदेशी भाषाओं में विज्ञान साहित्य के अनुसृजन की प्रक्रिया को बढ़ावा देने की परियोजना बनाने की आवश्यकता होगी।

हमारा लक्ष्य हो 'उत्तरोत्तर ज्ञानमय हों अग्रसर...'

उपरोक्त, पदेन कतिपय नहीं, लेखक का अपना मत है।

## सन्दर्भ


1. ओम विकास, 'भारत में भाषा-प्रौद्योगिकी का विकास', राजभाषा विशेषांक, जनवरी, 2000
2. ओम विकास, 'भाषा, राजतंत्र तकनीकी और व्यापार (भा-र-त-व्य) का सम्बन्ध और प्रयोजनमूलक हिन्दी', गवेषणा, 1999
3. ओम विकास, 'हिन्दी के विकास में टेक्नोलॉजी का योगदान', प्रयोजनमूलक हिन्दी विशेषांक, गवेषणा : 67-68/1996/55-60
4. ओम विकास, 'मशीनी अनुवाद की समस्याएँ', डॉ. नगेन्द्र द्वारा सम्पादित पुस्तक 'अनुवाद', 1993 में
5. ओम विकास, 'विज्ञान और प्रौद्योगिकी में हिन्दी अनुवाद', बहु-भाषिकता और अनुवाद पर संगोष्ठी, केन्द्रीय हिन्दी संस्थान, 1993 (प्रो. भोलानाथ तिवारी और र.ना. श्रीवास्तव की सम्पादित पुस्तकों में पुनर्मुद्रित)
6. ओम विकास, 'तकनीकी हिन्दी का विकास : शोध की नई दिशाएँ', गवेषणा; केन्द्रीय हिन्दी संस्थान, 1984, राजभाषा तकनीकी विशेषांक 1984; तकनीकी हिन्दी का विकास कार्यशाला, रुड़की, 1984

7. ओम विकास, 'विज्ञान और हिन्दी प्रयोग की सम्भावनाएँ' तकनीकी हिन्दी का विकास कार्यशाला, रुड़की 1984
8. ओम विकास, 'तकनीकी लेखन का माध्यम' अनुवाद त्रैमासिक, जन-मार्च 1984, पृ. 60-65
9. ओम विकास, 'तकनीकी हिन्दी का प्रार्दुभाव' इलेक्ट्रॉनिकी भारती, इलेक्ट्रॉनिकी विभाग, अक्टूबर 1983
10. डॉ. नगेन्द्र, (सम्पा.), अनुवाद विज्ञान-सिद्धान्त और अनुप्रयोग (हिन्दी माध्यम कार्यान्वयन निदेशालय, दिल्ली विश्वविद्यालय, 1993)
11. गिरिराज किशोर (सम्पा.), भाषा और प्रौद्योगिकी, (आई.आई.टी. कानपुर, 1985)
12. INSDOC डेटा बेस एवं SCI (साइंस साइटेशन इंडेक्स) श्री ओ.एन. चड्ढा
13. Peter F. Drucker, Management Challenges for the 21st Century, (Bullerworth, oxford, 1999)

# भाषाविज्ञान और अनुवाद

**कृष्ण कुमार गोस्वामी**

अनुवाद एक भाषिक प्रक्रिया है, जिसका केन्द्र बिन्दु भाषा है। इसमें स्रोत भाषा और लक्ष्य भाषा दोनों की भूमिका अनिवार्य रूप से रहती है। स्रोत भाषा के सन्देश को लक्ष्य भाषा में रूपान्तरित करते हुए उसमें निहित अर्थ, भाव और कथ्य की ओर ध्यान दिया जाता है। दोनों भाषाओं की अलग-अलग संरचना और प्रकृति होती है। हर भाषा की ध्वनि, शब्द (पद), पदबन्ध, वाक्य और पाठ इकाइयाँ हैं, जो एक-दूसरे से भिन्न होते हुए भी एक-दूसरे से जुड़ी होती हैं। एक को समझे बिना दूसरे को समझना कठिन है। अनुवादक के लिए भाषा की इन इकाइयों का ज्ञान होना तथा उनकी भिन्नताओं को समझना आवश्यक है, क्योंकि अनुवाद और भाषाविज्ञान के बीच जो एक समान तत्त्व है, वह है भाषा। भाषाविज्ञान भाषा की विभिन्न इकाइयों—ध्वनि, शब्द (पद),पदबन्ध, वाक्य, पाठ का वैज्ञानिक एवं विश्लेषणात्मक विवेचन करता है और अनुवाद अनुवाद्य पाठ की भाषा की विभिन्न इकाइयों का परोक्ष रूप में और मानसिक स्तर पर विश्लेषण करता हुआ अपनी प्रक्रिया से गुजरता है।

भाषाविज्ञान सिद्धान्त के रूप में भाषा की आन्तरिक व्यवस्था के अध्ययन का क्षेत्र है। इसीलिए भाषाविज्ञान की जो अन्वेषण-सामग्री होती है, वह भाषा की अपनी परिधि के भीतर की सामग्री होती है। भाषा की अपनी संरचना, बुनावट और अपने नियमों की संहिता भाषाविज्ञान के मुख्य विषय हैं। इसके अतिरिक्त यह उच्चतर स्तर पर भाषा-विशेष की सीमा का अतिक्रमण भी कर जाता है। उस दिशा में भाषावैज्ञानिक सिद्धान्त किसी एक सीमा से न जुड़कर भाषा के सामान्य पक्ष से जुड़ा होता है। आधुनिक भाषाविज्ञान में भाषा के अनुप्रायोगिक पक्ष पर भी चिन्तन हुआ है। भाषाविज्ञान अथवा उसके सिद्धान्तों तथा प्रणालियों का प्रयोग अन्य विषयों अर्थात् मनोविज्ञान, समाजशास्त्र, मानवशास्त्र, दर्शन आदि में किया जाने लगा है। ऐसे सभी प्रयोगों को सामान्यतः अनुप्रयुक्त भाषाविज्ञान की संज्ञा दी गई है। अनुप्रयुक्त भाषाविज्ञानी अपने ज्ञान-भंडार के विवेचनात्मक परीक्षण के बाद उसका अनुप्रयोग

उन क्षेत्रों में करता है, जहाँ मानव भाषा एक केन्द्रीय घटक होती है तथा इससे उन क्षेत्रों की कार्यक्षमता का संवर्धन किया जा सकता है। भाषाविज्ञान प्रत्येक 'क्या' का उत्तर देता है तो अनुप्रयुक्त भाषाविज्ञान प्रत्येक 'कैसे' और 'क्यों' का उत्तर देता है। जैसे-जैसे भाषाविज्ञान के अनुप्रायोगिक पक्ष की उपयोगिता बढ़ती गई, देश एवं काल के अनुसार वह भिन्न-भिन्न विधाओं से जुड़ता चला गया, जैसे—भाषाशिक्षण, समाज-भाषाविज्ञान, मनो-भाषाविज्ञान, अनुवादविज्ञान, शैलीविज्ञान, कोशविज्ञान, कम्प्यूटेशनल भाषाविज्ञान। कुछ विद्वान् इन विधाओं को उपयोगी भाषाविज्ञान भी कहते हैं, क्योंकि ये वहाँ की परिस्थितियाँ और आवश्यकता के अनुरूप कसौटी पर खरी उतरी हैं।

अब प्रश्न उठता है कि क्या अनुवाद का सम्बन्ध भाषाविज्ञान के साथ है ? क्या वह भाषाविज्ञान का अनुप्रायोगिक पक्ष है और इस दृष्टि से क्या वह भाषाविज्ञान के अन्तर्गत आता है। वास्तव में यदि हर भाषिक प्रक्रिया के अध्ययन का क्षेत्र भाषाविज्ञान माना जाता है तो अनुवाद भी अन्ततः भाषिक प्रक्रिया के क्षेत्र में आता है। अतः अनुवाद का भाषाविज्ञान के साथ पूरा सम्बन्ध है। अनुवाद की प्रक्रिया विशेष, स्थिति-विशेष और सिद्धान्त को समझने के लिए भाषाविज्ञान के सिद्धान्त और प्रक्रिया का अनुप्रयोग होता है। इस दृष्टि से अनुवाद भाषाविज्ञान का अनुप्रायोगिक अंग है और भाषाविज्ञान के अन्तर्गत आ जाता है। वस्तुतः भाषिक प्रक्रिया होने के नाते अनुवाद का कोई भी सिद्धान्त भाषाविज्ञान की मूल स्थापनाओं से बाहर नहीं जा सकता और अनुवाद का मुख्य स्रोत भाषा सिद्धान्त है, क्योंकि भाषा सिद्धान्त की प्रत्येक स्थापना भाषावैज्ञानिक सिद्धान्तों की परिधि में आती है। अनुवाद कौशलपरक और प्रयोजनपरक रूप होते हुए व्यवहार भी है। इसलिए इसमें भाषावैज्ञानिक सिद्धान्तों का अनुप्रयोग होना सहज और स्वाभाविक है। अनुवाद सिद्धान्त का समूचा प्रारूप भाषाविज्ञान की आधारशिला पर खड़ा हुआ है। भाषाविज्ञानियों ने सम्प्रेषण-व्यापार का विवेचन करते हुए अनुवाद को उसी के अन्तर्गत स्वीकार किया है।

वास्तव में भाषा की सम्प्रेषण प्रक्रिया में कोडीकरण और विकोडीकरण की प्रक्रिया होती है। वक्ता या लेखक सन्देश को भाषायी ध्वनियों और व्याकरणिक संरचनाओं में जो भाषाबद्ध करता है, वही कोडीकरण (Encoding) करता है। इसका संचरण वह मुखोच्चार या लेखन के माध्यम से करता है। उसी भाषा में श्रोता या पाठक कान और आँख से उस सन्देश की ध्वनियों का अभिज्ञान कर अथवा उसकी पहचान कर अर्थ ग्रहण करता है। यह विकोडीकरण (Decoding) है। इस प्रक्रिया में कोडीकरण और विकोडीकरण के लिए एक समान कोड होता है, जिससे सन्देश का सम्प्रेषण होता है। इसी सम्प्रेषण प्रक्रिया में विकोडीकरण और कोडीकरण के आधार पर अनुवादक पहले स्रोत भाषा के पाठ का विकोडीकरण करता है और बाद

में वह कोडीकरण के माध्यम से उससे व्यक्त अर्थ की पुनर्रचना या पुनर्गठन लक्ष्य भाषा के पाठ में करता है। इस पूरी प्रक्रिया में ठीक वही प्रणाली अपनाई जाती है जो तुलनात्मक भाषाविज्ञान के अध्ययन अथवा व्यतिरेकी विश्लेषण में प्रयुक्त होती है। भाषावैज्ञानिक उपकरणों के माध्यम से पहले मूल पाठ का विश्लेषण (विकोडीकरण) कर अर्थ ग्रहण किया जाता है। स्रोत भाषा और लक्ष्य भाषा का वैज्ञानिक पद्धति से तुलनात्मक अथवा व्यतिरेकी अध्ययन कर उनके बीच पाई जानेवाली समानताओं और असमानताओं का पता लगाया जाता है। तत्पश्चात् प्राप्त अर्थ का पुनर्गठन कोडीकरण के माध्यम से पाठ के रूप में किया जाता है। इसे निम्नलिखित आरेख द्वारा समझा जा सकता है—

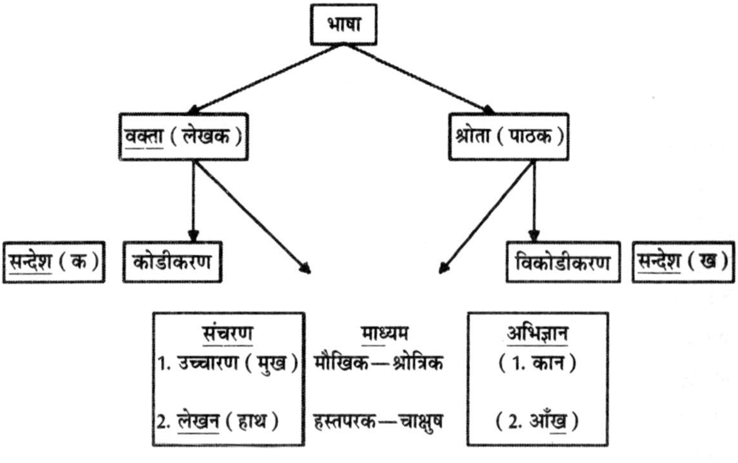


अनुवाद में भाषा के अनुप्रयोग की स्थिति आती है। इस सिद्धान्त को अनुवाद के सन्दर्भ में लागू किया जाए तो हम देखते हैं कि यहाँ अनुवादक कोडीकृत पाठ का विकोडीकरण कर अर्थ ग्रहण करता है। तदनुसार, उसका अन्तरण करते हुए कोडीकरण भी करता है, जिससे लक्ष्य भाषा में अनूदित पाठ तैयार हो जाता है। इसे भी आरेख द्वारा समझा जा सकता है।

इस प्रकार अनुप्रयोग में तीन स्तर आते हैं। विकोडीकरण के स्तर पर भाषा का विश्लेषण होता है। अन्तरण के स्तर पर भाषा 1 के सन्देश (क) को भाषा 2 के सन्देश (ग) में रखा जाता है। कोडीकरण के स्तर पर यह मुक्त नहीं है, क्योंकि इसमें कुछ प्रतिबन्ध आते हैं तथा इसमें शैलीगत बाधाएँ खड़ी हो जाती हैं। इसमें पाठ की संरचना और बुनावट द्वारा सामग्री को देखा जाता है। समतुल्यता के आधार पर अनूदित पाठ मूल पाठ का सहपाठ होता है।

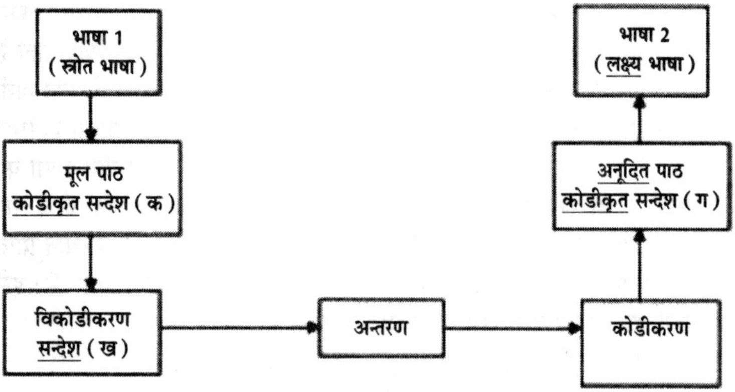


अनुवाद की परम्परा भारत और पश्चिम में पंचतंत्र, बाइबिल, ईसप कथा के अनुवादों से भी प्राचीन है, किन्तु शास्त्र और प्रणाली के रूप में अनुवाद की व्यवस्थित परम्परा बीसवीं शताब्दी के उत्तरार्ध में प्रारम्भ हुई। इससे पहले अनुवाद के बारे में भाषा-विश्लेषण और अर्थ-निर्धारण सम्बन्धी विवेचन के सन्दर्भ में चर्चा हुई है। इसके अतिरिक्त संरचनापरक अर्थपरक, प्रकार्यपरक और सम्प्रेषणपरक सिद्धान्तों के विवेचन के परिप्रेक्ष्य में अनुवाद पर थोड़ा-बहुत चिन्तन-मनन हुआ है। ये चिन्तन प्राचीन दर्शन, भाषा-चिन्तन, साहित्य और धर्म ग्रन्थों में मिलते हैं। जान-वाइक्लिफ (1330-84), विलियम टेंडल (1494-1536) और मार्टिन लूथर (16वीं शताब्दी) ने अर्थानुगामी अनुवाद के पक्ष में अपनी बात कही। मार्टिन लूथर के समकालीन सुविख्यात फ्रांसीसी विचारक और अनुवादक एतीने दोले (1509-46) ने भावानुवाद के पक्ष में अपने स्पष्ट और निर्भीक विचार प्रस्तुत करते हुए अनुवादक की कुछ अर्हताएँ गिनाईं। इसके लिए दोले को पादरियों का कोपभाजन बनना पड़ा और अन्त में उसे जिन्दा जला दिया गया। बाद में जार्ज चैपमैन (1559-1639), डेनहम (1615-69), जॉन ड्राइडन (1631-1700), अलेक्जेंडर पोप (1688-1744), डॉ. सैमुअल जॉनसन (1709-84) आदि ने भी अपने-अपने युग में अनुवाद के बारे में अपने विचार व्यक्त किए। इन विद्वानों का विचार था कि अनूदित पाठ पढ़कर लक्ष्य भाषा के पाठक को उतनी ही अनुभूति होती है जितनी मूल पाठ को पढ़कर स्रोत भाषा के पाठक को होती है। उमर खय्याम की रुबाइयों के [illegible] और विख्यात अनुवादक फिट्जजेराल्ड (1809-63) ने अनुवाद चिन्तन को एक नई दिशा प्रदान की। उनके मतानुसार अनूदित पाठ के पाठक को मूल भाषा के निकट लाने के बजाय मूल भाषा के पाठ की साहित्यिक तथा सामाजिक-सांस्कृतिक विशेषताओं को लक्ष्य भाषा में इस प्रकार प्रस्तुत किया जाए कि वह लक्ष्य भाषा की

अपनी सजीव सम्पत्ति लगे, न कि आरोपित अनुवाद। इसी प्रकार मैथ्यू आर्नल्ड (1822–88) ने अनुवाद में प्रत्यक्ष तथा उदात्त शैली पर अधिक बल दिया। यह बात अवश्य है कि इस युग में भाषाविज्ञान ने न तो अनुवाद को अपना प्रतिपाद्य माना और न ही इस पर अपने दृष्टिकोण के अनुसार विचार करने का प्रयास किया।

बीसवीं शताब्दी में ज्ञान–विज्ञान तथा प्रौद्योगिकी के विकास से विभिन्न भाषाओं के वैज्ञानिक विवेचन का प्रादुर्भाव हुआ। इसी समय आधुनिक भाषाविज्ञान का भी विकास हुआ। इसमें न केवल भाषाविज्ञान की सैद्धान्तिक मान्यताओं में क्रान्ति का उद्घोष हुआ, वरन् भाषा से सम्बद्ध विभिन्न क्षेत्रों में अपने सिद्धान्तों का अनुप्रयोग करना भी प्रारम्भ कर दिया। इसमें भाषाशिक्षण, कोशविज्ञान, शैलीविज्ञान, संकेतविज्ञान (सिमिऑटिक्स) आदि के साथ–साथ अनुवाद विज्ञान का भी विकास हुआ।

इसी दौरान सुप्रसिद्ध भाषाविज्ञानी युजीन ए. नाइडा (1914–2011) ने सन् 1964 में लिंग्विस्टिक सोसायटी ऑफ अमेरिका की शोध–पत्रिका 'लैंग्वेज' में अपना आलेख 'साइंस ऑफ ट्रांसलेशन' नाम से प्रकाशित किया। इस आलेख में नाइडा ने अनुवाद को विज्ञान के अन्तर्गत रखते हुए कहा कि अनुवाद एक भाषिक प्रक्रिया है और इस प्रक्रिया का कोई भी विश्लेषण भाषा–सिद्धान्त और सम्प्रेषण–सिद्धान्त के मानदंडों की परिधि में आता है। इसलिए नाइडा प्रथम व्यक्ति हैं जिन्होंने अनुवाद प्रक्रिया के तीन सोपान बताए—विश्लेषण, अन्तरण और पुनर्गठन। अनुवाद प्रक्रिया का विवेचन नाइडा सन् 1964 से सन् 1979 तक करते रहे। नाइडा मूलत: भाषाविज्ञानी थे, इसलिए उनके अनुवाद सिद्धान्त पर मुख्यत: संरचनात्मक भाषाविज्ञान और अंशत: नोअम चाम्स्की के प्रजनक–रूपान्तरण व्याकरण का प्रभाव पड़ा है। इसके अतिरिक्त इस अनुवाद सिद्धान्त में समाज–भाषाविज्ञान, संकेतविज्ञान, व्यवहारविज्ञान (प्रैग्मेटिक्स) और वाक्–व्यापार (स्पीच एक्ट) सिद्धान्तों के साथ–साथ अर्थविज्ञान का भी योगदान है। चाम्स्की द्वारा प्रतिपादित बाह्य संरचना और आन्तरिक संरचना ने भी अनुवाद सिद्धान्त को परिपुष्ट किया है। नाइडा के बाद कैटफर्ड, पीटर न्यूमार्क, बाथगेट, हैलिडे आदि विद्वान् भी भाषाविज्ञान के मार्ग से अनुवाद की ओर आए। भारत में अशोक केलकर, रवीन्द्रनाथ श्रीवास्तव, भोलानाथ तिवारी, सूरजभान सिंह, कैलाश चन्द्र भाटिया, आदि विद्वानों ने भाषाविज्ञान के आधार पर अनुवाद का विवेचन किया है। इन विद्वानों ने समतुल्यता के सिद्धान्त और पुनर्विन्यास की प्रक्रिया को भी अपनाया। इस प्रकार अनुवाद प्रक्रिया एक ऐसी संश्लिष्ट प्रक्रिया है, जिसमें विभिन्न घटक विभिन्न स्तरों पर एक दूसरे से इस प्रकार गुम्फित रहते हैं कि उन्हें अलग–अलग स्तर पर पहचानना कठिन हो जाता है। इन सभी रूपों में भाषाविज्ञान ही निहित रहता है। यही कारण है कि अनुवाद को अनुवाद विज्ञान की संज्ञा दी गई है।

## व्यतिरेकी विश्लेषण और अनुवाद

आधुनिक भाषाविज्ञान में विश्लेषण की विधियों के विकास के साथ-साथ व्यतिरेकी विश्लेषण का भी महत्त्वपूर्ण स्थान है। यद्यपि इसका प्रादुर्भाव अन्य भाषा शिक्षण के सन्दर्भ में हुआ, किन्तु बाद में अनुवाद के क्षेत्र में भी इसकी उपयोगिता समझी गई। स्रोत भाषा के पाठ के कथ्य को लक्ष्य भाषा के पाठ में अन्तरण करने की प्रक्रिया में व्यतिरेकी विश्लेषण और अनुवाद दोनों की सार्थक भूमिका रहती है। वस्तुत: व्यतिरेकी विश्लेषण और अनुवाद दोनों का सम्बन्ध भाषा से है। भाषाओं के विश्लेषण में जो भाषावैज्ञानिक पद्धतियाँ अपनाई जाती हैं, वर्णन की जो कोटियाँ निर्धारित की जाती हैं और जो भाषा-सिद्धान्त प्रतिपादित किए जाते हैं, वे व्यतिरेकी विश्लेषण और अनुवाद दोनों पर लागू हो सकते हैं। इस प्रकार व्यतिरेकी विश्लेषण के द्वारा प्रस्तुत निष्पत्तियों से लाभ उठाया जाता है।

व्यतिरेकी विश्लेषण में दो भाषाओं के अनुवादनीय युग्मों के रूपपरक तत्त्वों अर्थात् भाषायी तत्त्वों की तुलना की जाती है। भाषायी तत्त्वों की इस तुलना के अन्तर्गत सम्बद्ध तत्त्वों का चयन करने से पहले यह भी निश्चित किया जाता है कि इन तत्त्वों में सन्दर्भपरक तुलनीयता किस स्थिति-विशेष अथवा सामाजिक-सांस्कृतिक परिप्रेक्ष्य में मिलती है। यद्यपि व्यतिरेकी विश्लेषण का मुख्य उद्देश्य रूपपरक तुलनीयता है और उसके आधार पर स्रोतभाषा तथा लक्ष्य भाषा में विद्यमान असमानताओं की व्याख्या करना है और इस व्याख्या में अध्येता के समक्ष आने वाली विभिन्न कठिनाइयों का पता लगाना है, किन्तु इसमें यह भी ध्यान रखना आवश्यक है कि इसके साथ सन्दर्भपरक तुलनीयता को भी लेकर चलना होगा।

एक अनुवादशास्त्री कार्ल जेम्स का कथन है कि दो भाषाओं में वाक्यों की अनुवाद-तुलनीयता तभी स्थापित हो सकती है, जब वे तीन अर्थों अर्थात् उद्भासित अर्थ, अन्तर्वैयक्तिक अर्थ और सन्दर्भपरक अर्थ को व्यक्त करते हों। अन्य भाषाविज्ञानियों ने इसी परिप्रेक्ष्य में 'प्रेग्मेटिक्स' (व्यवहारपरकता) की अवधारणा प्रस्तुत करते हुए कहा कि ''व्यतिरेकी विश्लेषण से स्रोत भाषा और लक्ष्यभाषा की ऐसी संरचनाओं को लेना चाहिए जो व्यवहारपरक अर्थ (प्रेग्मेटिक मीनिंग) की दृष्टि से तुलनीय हों, भले ही वे ऊपरी संरचना की दृष्टि से कितनी ही भिन्न क्यों न हों।''

अनुवाद प्रक्रिया मूलत: मानसिक प्रक्रिया है, जिससे अध्येता के मन में अन्य भाषा से सम्बद्ध संकल्पनात्मक कोड स्थापित हो जाता है। अध्येता के भीतर अपनी भाषा की जो संकल्पनात्मक शक्ति स्थापित होती है, वह अन्य भाषा सीखते समय उस संकल्पनात्मक शक्ति के आधार पर अन्य भाषा के प्रतीकों के पीछे पाई जाने

वाली संकल्पना की तुलना करता है और दोनों में विभेदन करता रहता है। अतः भाषा शिक्षण को यदि विस्तृत रूप दिया जाए तो भाषा सीखने का अर्थ अनुवाद भी माना जा सकता है। इसके अन्तर्गत अध्येता मातृभाषा और लक्ष्य भाषा के नियमों में विभेदन करता हुआ लक्ष्य भाषा के नियमों का व्याकरण अपने मन में बना लेता है; जैसे—एक अंग्रेजी-भाषी अध्येता को हिन्दी सिखाते समय स्रोत भाषा और लक्ष्य भाषा के वाक्य दिए जाएँ;

1. Mohan beats Sohan.
   —मोहन सोहन को पीटता है।
2. Mohan gave a book to Sohan
   —मोहन ने सोहन को किताब दी
3. The case has been referred to the Ministry
   —यह मामला मंत्रालय को भेजा जा चुका है।

उपर्युक्त तीनों वाक्यों में हम देखते हैं कि अंग्रेजी वाक्य (1) में 'कर्ता-क्रिया-कर्म' का नियम है, जबकि उसके समतुल्य हिन्दी वाक्य में 'कर्ता-कर्म-क्रिया' का नियम मिलता है। वाक्य (2) में अंग्रेजी में मुख्य कर्म (book), गौण कर्म (Sohan) से पहले वाक्य के भीतर है और गौण कर्म (Sohan) मुख्य कर्म (book) के बाद वाक्य के अन्त में आता है जबकि इसके हिन्दी रूपान्तरण में गौण कर्म (सोहन) वाक्य के भीतर है और मुख्य कर्म (किताब) गौण कर्म (सोहन) के बाद आता है। इसी प्रकार कर्मवाक्य के अंग्रेजी वाक्य (3) का हिन्दी रूपान्तरण भी कर्मवाक्य के रूप में हुआ है। इन दोनों रूपों के अलग-अलग नियम हैं। अंग्रेजी कर्मवाच्य में कर्म के बाद has been लगाने के साथ मुख्य क्रिया का Past Particle हो जाता है, जबकि हिन्दी कर्मवाच्य में मुख्य क्रिया के साथ 'जाना' क्रिया सहायक रूप में लगती है। इसी सन्दर्भ में अध्येता को अनुवाद के माध्यम से व्याकरणिक नियम सीखने में सहायता मिलती है। एक अन्य उदाहरण द्रष्टव्य है।

1. Mohan has a book. — मोहन के पास पुस्तक है।
2. Mohan has a dog. — मोहन के पास कुत्ता है।
3. Mohan has a servant. — मोहन के पास नौकर है।
4. Mohan has a friend. — मोहन का एक मित्र है।
5. Mohan has a daughter. — मोहन के (का/की) एक लड़की है।
6. Mohan has fever. — मोहन को बुखार है।
7. Mohan has courage. — मोहन में साहस है।
8. This building has twenty rooms. — इस भवन में बीस कमरे हैं।
9. The elephant has a small tail. — हाथी की पूँछ छोटी होती है।

अंग्रेजी के उपर्युक्त नौ वाक्यों (वाक्य 1 से 9 तक) में अंग्रेजी सम्बन्धवाचक क्रिया रूप 'has' के लिए हिन्दी के वाक्य (1) (2) और (3) में 'के पास' और वाक्य (4) तथा (5) में 'का' तथा 'की', वाक्य (6) में 'को' और वाक्य (7) में 'में' का रूपान्तरण हुआ है। इन दोनों भाषाओं का व्यतिरेकी अध्ययन करते हुए अनुवाद द्वारा यह सुनिश्चित करना होगा कि हिन्दी में 'के पास' का प्रयोग (-प्राणीवाचक), (+प्राणीवाचक, मानव) और (+प्राणीवाचक, मानव निम्न वर्ग) के लिए होता है। 'का', 'के' और 'की' का प्रयोग समान स्तर के व्यक्ति (+मानव) के लिए और 'की' या 'के' का प्रयोग नाते-रिश्ते (+मानव) के लिए होता है। 'का', 'को' परसर्ग का प्रयोग अमूर्त और अल्पकालिक स्थिति में तथा 'में' का प्रयोग अमूर्त किन्तु स्थायी भाव के लिए होता है। वाक्य (8) में बड़ी वस्तु में समाविष्ट छोटी वस्तु के लिए 'में' का प्रयोग होता है और वाक्य (9) में शारीरिक अंगों के लिए 'का/के/की' का प्रयोग होता है।

अनुवादक स्रोत भाषा पाठ के निष्पादन लक्ष्य भाषा में करता है, जिसके अन्तर्गत एक पाठ से दूसरे पाठ की तुलना की जाती है। वस्तुतः अनुवाद में समतुल्यता अपने-अपने में तुलनीयता स्थापित करती है। इस समतुल्यता की प्रकृति मात्र रूपपरक नहीं होती, बल्कि सन्दर्भपरक भी होती है। यदि इसे मात्र रूपपरक दृष्टि से देखा जाए तो अनुवाद में गड़बड़ी की सम्भावना बनी रहती है। अतः इस सन्दर्भ में व्यतिरेकी विश्लेषण उपयोगी सिद्ध होता है। उदाहरण के लिए—

1. मोहन ने बच्चे को उठाया।
2. मोहन ने शीला को अपने लिए चाय बनने को कहा।

उपर्युक्त दोनों वाक्य एक दृष्टि से संदिग्धार्थी हैं। वाक्य (1) में क्रियापद 'उठाया' का 'जगाना' और 'गोद में लेना' दो अर्थ हो सकते हैं। इस प्रकार वाक्य (2) में निजवाचक सर्वनाम 'अपने' का आशय 'मोहन और शीला' दोनों के लिए हो सकता है। अतः यहाँ प्रोक्ति के स्तर पर रूपपरक तुलनीयता के साथ-साथ सन्दर्भपरक तुलनीयता की भी आवश्यकता रहती है। इसी प्रकार 'मोहन तो गंगा नहा चुका' वाक्य में केवल 'गंगा नदी' का आशय नहीं है वरन् 'किसी शुभ कार्य को पूरा करने' का भाव भी निहित है। यह अर्थपरक तुलनीयता और सन्दर्भपरक तुलनीयता के योग से ही सम्भव होगा।

रूपपरक तुलनीयता और सन्दर्भपरक तुलनीयता में अन्तर स्पष्ट किया जाए तो हम देखते हैं कि रूपपरक तुलनीयता में ध्वनि, व्याकरण और शब्दावली के सन्दर्भ में दो भाषाओं में अनुवाद-समता स्थापित की जाती है अर्थात् भाषिक तत्त्वों का परस्पर अन्तरण होता है। इसे 'अन्तरित तुलना', 'रूपपरक तुलनीयता' या 'रूपपरक समता' भी कहा जाता है, जबकि वह पूरी तरह सम्भव नहीं है।

इस प्रकार व्यतिरेकी विश्लेषण प्रक्रिया में रूपपरक तुलनीयता प्रमुख भूमिका निभाती है।

दूसरी ओर, सन्दर्भपरक तुलनीयता में एक भाषा का अर्थ दूसरी भाषा में पूर्णतया प्रतिस्थापित नहीं किया जा सकता अर्थात् स्रोत भाषा के सन्देश को लक्ष्य भाषा के समान अर्थ देने वाले सन्देश के रूप में परिवर्तित किया जाता है। समान अर्थ का तात्पर्य है दोनों भाषाओं के अंश समान स्थितियों में कार्य कर सकें, हालाँकि एक भाषा का कोई दूसरी भाषा के किसी अंश से अर्थ की दृष्टि से समान नहीं होता। अतः पूर्ण अनुवाद सम्भव नहीं है, भले उसे सामान्य अनुवाद कहा जाए। इस प्रकार के अनुवाद से प्राप्त तुलनीयता को प्रयोजनपरक तुलनीयता कहा जा सकता है। विशेष भाषायी स्थिति में यदि अर्थ की दृष्टि से स्रोत भाषा से लक्ष्य भाषा में या लक्ष्य भाषा से स्रोत भाषा में भाषायी अंशों का परस्पर विनिमय हो, तब प्रयोजनपरक तुलनीयता साधित है। अनुवाद प्रक्रिया में सन्दर्भपरक तुलनीयता प्रमुख भूमिका निभाती है।

एक भाषा के कथ्य को दूसरी भाषा में प्रतिस्थापित करना अनुवाद है। यह प्रतिस्थापन दिशामूलक होता है, जो स्रोत भाषा से लक्ष्य भाषा में होता है। इस प्रक्रिया में स्रोत भाषा के कथ्य को लक्ष्य भाषा के समान कथ्य परिवर्तित किया जाता है। भाषावैज्ञानिक दृष्टि से एक भाषा का कोई भी अंश भाषा के किसी अंश की दृष्टि से समान नहीं हो सकता। समान अर्थ से तात्पर्य है कि दोनों भाषाओं के अंश समान स्थितियों में कार्य कर सकें। दूसरे शब्दों में, भाषायी स्थिति-विशेष में अर्थ की दृष्टि से स्रोत भाषा से लक्ष्य भाषा में या लक्ष्य भाषा से स्रोत भाषा में परस्पर आदान-प्रदान है। इस प्रकार अनुवाद में जो तुल्यता स्थापित नहीं की जाती है, उसे सन्दर्भपरक तुलनीयता भी कहा जा सकता है। सन्दर्भपरक तुलनीयता एक प्रकार से पाठ विषयक तुलनीयता भी हो सकती है।

दो भाषाओं में पूरी तरह न तो रूपपरक तुलनीयता स्थापित हो पाती है और न ही सन्दर्भपरक तुलनीयता, क्योंकि दो भाषाओं के भाषिक अर्थ या रूपपरक अर्थ व्याकरण और शब्दावली प्रक्रिया का स्थितिगत पदार्थ के साथ जो सम्बन्ध है, वह सन्दर्भपरक अर्थ का द्योतन करता है। इसी प्रकार स्वन और लेखन प्रक्रिया का स्थितिगत पदार्थ के साथ जो सम्बन्ध है वह सन्दर्भपरक अर्थ का द्योतन करता है। इसी प्रकार स्वन और लेखन प्रक्रिया का भाषिक पदार्थ (ध्वनि तथा लेखन) के साथ जो सम्बन्ध है, वह भाषिक अर्थ का द्योतन करता है।

भाषा एक रूप है, इसलिए भाषिक अर्थ रूपपरक अर्थ भी है। भाषायी रूपों का आपस में सह-सम्बन्ध सुनिश्चित होता है और यह अलग-अलग भाषाओं में अलग-अलग प्रकार से होता है। भाषिक रूप सम्बद्ध स्थितिगत तत्त्वों के लिए

प्रासंगिक होते हैं, इसलिए भाषिक अर्थ अर्थात् रूपपरक अर्थ को प्रतिपादित करते हैं। इसी प्रकार सम्बद्ध भाषिक रूप के लिए प्रासंगिक स्थितिगत तत्त्व उस रूप के सन्दर्भपरक अर्थ को प्रतिपादित करते हैं। दूसरे शब्दों में, स्थितिगत तत्त्वों में से किसी तत्त्व के परिवर्तन से पाठ अर्थात् भाषा रूप में परिवर्तन करना आवश्यक हो जाता है। पाठ के किसी तत्त्व के परिवर्तन का तात्पर्य है स्थितिगत तत्त्व में परिवर्तन। अच्छा अनुवाद इन स्थितिगत वैशिष्ट्यों में से अधिकतर के साथ सम्बन्ध स्थापित करता है और रूपपरक स्तर पर उसमें तुलनीयता की प्राय: कमी रहती है; जैसे—

His/Her brother has gone to Delhi. (क) उसका भाई दिल्ली गया है।
(ख) उनके भाई दिल्ली गए हैं।
(ग) इसका भाई दिल्ली गया है।
(घ) इनके भाई दिल्ली गए हैं।

उपर्युक्त अंग्रेजी वाक्य के हिन्दी वाक्य (क,ख,ग,घ) अच्छे अनुवाद माने जाएँगे, क्योंकि ये अनुवाद अंग्रेजी वाक्य से अधिकतर सम्बद्ध स्थितिगत सन्दर्भपरक अर्थ को प्रतिपादित करते हैं। रूपपरक स्तर पर एक अंश (His/Her–उसका, उनके, इसका, इनके) को छोड़कर शेष में समतुल्यता स्थापित है। यहाँ रूपपरक स्तर पर भिन्नता है। स्रोत भाषा अर्थात् अंग्रेजी का His (Her) सर्वनाम अन्य पुरुष एकवचन है तो लक्ष्य भाषा अर्थात् हिन्दी में अन्य पुरुष एकवचन है, किन्तु इसके साथ ये दूरस्थ, समीपस्थ और आदरार्थक सर्वनाम भी है, यहाँ रूपपरक स्तर पर भिन्नता है।

रूपपरक तुलनीयता में भाषायी इकाइयों अर्थात् ध्वनि, रूप, शब्द, वाक्य आदि के सन्दर्भ में दो भाषाओं में अनुवादनीयता स्थापित की जाती है। इस अनुवादनीयता के अन्तर्गत दो भाषाओं की समानताओं और असमानताओं का निर्धारण किया जाता है। वास्तव में रूपपरक तुलनीयता एक प्रकार से भाषायी तत्त्वों का अन्तरण है। समानता के धरातल पर अंग्रेजी और हिन्दी सर्वनाम और विशेषण की संरचना प्राय: एक है; जैसे—अंग्रेजी की 'My Father' और 'Beautiful girl' अभिव्यक्तियों की भाँति हिन्दी में भी 'मेरे पिता' और 'सुन्दर लड़की' संरचना एक समान मिलती है, किन्तु असमानता के धरातल पर कुछ संरचनाएँ दोनों भाषाओं में अपना-अपना रूप लिये होती हैं।

सन्दर्भपरक तुलनीयता में दो भाषाओं के सन्दर्भपरक अर्थ की ओर ध्यान दिया जाता है। इसमें भी स्थितिपरक विशिष्टताओं की तुलना की जाती है। सन्दर्भपरक तुलनीयता में स्थिति विशेष, परिवेश, उद्देश्य प्रतिभागिता, विषयवस्तु आदि का विशेष महत्त्व होता है, अर्थात् इसमें इस बात पर ध्यान दिया जाता है कि कौन, किससे, कहाँ, कब और क्या बात कर रहा है। इसके आधार पर भाषा परिवृत्तों का चयन किया जाता है। उदाहरण के लिए—

अंग्रेजी के दो वाक्य हैं :

1. My father has gone to Chennai.
2. My servant has gone to Chennai.

इन दोनों वाक्यों का हिन्दी रूपान्तरण इस प्रकार होगा :

1. मेरे पिताजी चेन्नै गए हैं।
2. मेरा नौकर चेन्नै गया है।

अंग्रेजी और हिन्दी इन दोनों वाक्यों की तुलना करने पर यह पता चलता है कि संरचनात्मक स्तर पर अंग्रेजी के दोनों वाक्य (1) और (2) समान हैं, किन्तु हिन्दी में कुछ भिन्नता मिलती है। सर्वनाम 'मेरे' और 'मेरा' तथा क्रिया पद 'गए हैं' और 'गया है' का अन्तर सन्दर्भपरक तुलनीयता के परिप्रेक्ष्य में आया है, जहाँ वाक्य (3) आदरसूचक है और वाक्य (4) सामान्य या आदर-निरपेक्ष वाक्य है।

प्रत्येक भाषा की व्यवस्था के भीतर सामाजिक-सांस्कृतिक सन्दर्भ जुड़े होते हैं और यही असमानता की स्थिति पैदा करते हैं। अत: सन्दर्भपरक तुलनीयता इसमें काफी सहायता करती है। उदाहरण के लिए; अंग्रेजी पद 'Good Morning' या 'Father William' के हिन्दी रूपान्तरण में कठिनाई होगी, क्योंकि ये सामान्य हिन्दी भाषी व्यक्ति के लिए सम्प्रेषणीय नहीं है। भारतीय संस्कृति में 'Good Morning, Good Night' आदि की अवधारणा नहीं मिलती है, बल्कि यहाँ 'नमस्ते, नमस्कार, प्रणाम, चिरंजीव रहो' की संकल्पना मिलती है। इसके अतिरिक्त किसी पादरी के लिए प्रयुक्त 'Father' शब्द के लिए भी कोई समतुल्य नहीं है। अत: ऐसी संरचनाओं के लिए 'नमस्ते या नमस्कार' और 'फादर विलियम' समतुल्य सन्दर्भयुक्त होगा।

अत: यह बताना असमीचीन न होगा कि अनुवाद प्रक्रिया में स्रोत भाषा के निकटस्थ घटकों का पहले विश्लेषण होता है, उसके बाद अनुवाद प्रक्रिया के दूसरे चरण से अन्तरण होता है जिससे विभिन्न संरचनात्मक समानताओं और असमानताओं की तुलना करने में सुविधा होती है। यहीं पर भाषावैज्ञानिक सिद्धान्तों का कार्य सम्पादित होता है।

## मशीनी अनुवाद में भाषाविज्ञान

भाषाविज्ञान और कम्प्यूटर विज्ञान के क्षेत्र में हो रहे नए शोधों से यह सम्भव होता जा रहा है कि डिजिटल कम्प्यूटर की सहायता से भी एक भाषा से दूसरी भाषा में अनुवाद हो सकता है। मशीनी अनुवाद में भाषाविज्ञान की इस महत्त्वपूर्ण भूमिका से कम्प्यूटेशनल भाषाविज्ञान, प्रकृत भाषा संसाधन आदि विभिन्न विधाओं का विकास हुआ है। कम्प्यूटर उस सामग्री का संसाधन करता है जो पूर्णतया नियमों पर

आधारित होती है। कम्प्यूटर के माध्यम से अनुवाद करने से पहले दोनों भाषाओं के संरचनागत, अर्थगत और सन्दर्भगत तथ्य कम्प्यूटर में देने पड़ते हैं। इसमें यह देखा जाता है कि वाक्य में किसी विशेष शब्द का प्रयोग किसी विशेष सन्दर्भ में आ जाए तो कौन-कौन से नियम लागू होंगे। साथ ही यदि विभिन्न लक्षणों के शब्दों का योग हो जाए तो उससे वाक्यों की रचना कैसे की जा सकती है। इसी प्रकार की सूचना अन्य भाषा के बारे में भी कम्प्यूटर में संचित की जाती है। इन दोनों भाषाओं के बीच समतुल्यता सम्बन्ध स्थापित करने के निर्धारित नियम निर्दिष्ट किए जाते हैं। इस दृष्टि से कम्प्यूटर में दो महत्त्वपूर्ण घटक होते हैं—एक, शब्दकोश (Lexicon) और दो, रूपप्रक्रियापरक विश्लेषक (Morphological Analyser)। दोनों भाषाओं का शब्दकोश होता है, जिसमें हर शब्द की प्रविष्टि में व्याकरणिक कोटि का निर्देश किया जाता है और उसी के अनुसार परिभाषा या अर्थ दिया जाता है। रूपप्रक्रियापरक विश्लेषक में दोनों भाषाओं की संरचनाओं का, व्याकरणिक रूपों का विवेचन किया जाता है। प्रत्येक शब्द और उसके सन्दर्भपरक अर्थ को पहले निश्चित किया जाता है और बाद में उस अर्थ के अन्य अभिप्रेय रूप का रूपान्तरण किया जाता है। इस प्रक्रिया में शब्दकोश की आवश्यकता हर कदम पर पड़ती है। इसीलिए बृहत् शब्द-संग्रह (Corpora) की भी आवश्यकता पड़ती है। रूपप्रक्रियापरक विश्लेषक में शब्द-वर्ग (POS) का टैगिंग होता है, जिसमें व्याकरण के विभिन्न रूपों का विश्लेषण होता है। भाषा की मूल संरचना में कुछ ऐसे शब्द होते हैं, जिनका अर्थ वाक्य के प्रकार्य द्वारा निर्धारित होता है।

1. My father <u>cooked</u> the food today.
   —मेरे पिताजी ने आज खाना <u>पकाया</u>।
2. It is <u>cooked</u> story.
   —यह <u>मनगढ़ंत</u> कहानी है।

वाक्य (1) में <u>cooked</u> क्रिया का भूतकालिक रूप है और वाक्य (2) में <u>cooked</u> पद विशेषण की भूमिका निभा रहा है।

इसी प्रकार हिन्दी शब्द 'आया' व्याकरणिक शब्द-वर्ग की दृष्टि से संज्ञा भी है और क्रिया भी। संज्ञा के रूप में 'आया' घरेलू नौकरानी (Maid) के लिए प्रयुक्त होता है और क्रिया के रूप में 'आना' क्रिया का भूतकालिक रूप है। इसी के साथ कई शब्द-रूपों में संदिग्धार्थकता और अनेकार्थकता मिलती है; उदाहरण के लिए :

1. They <u>lost</u> the match by one inning and 167 runs.
   वे एक पारी और 167 रनों से <u>हार गए</u>।
2. She <u>lost</u> her purse.
   उसका पर्स <u>खो गया</u>।

वाक्य (1) में 'lost' का अर्थ 'हारना' और वाक्य (2) में 'lost' का अर्थ 'खोना' है।

इस प्रकार के विश्लेषण में भाषाविज्ञान की भूमिका महत्त्वपूर्ण होती है। अतः मशीनी अनुवाद में भाषागत समस्याओं के समाधान के लिए भाषा के सूक्ष्म नियमों की जानकारी अत्यंत आवश्यक है। इन्हीं भाषायी नियमों के आधार पर कम्प्यूटर इंजीनियर अपनी कलनविधि से तर्कपूर्ण सूत्र (Algorithm) तैयार करता है और उसे कम्प्यूटर के स्मृतिकोश (Memory) में सुरक्षित रखता है। इसी प्रकार भाषाविज्ञान के ध्वनिविज्ञान के सिद्धान्तों के अनुसार मशीनी अनुवाद में ध्वनियों का संश्लेषण कर मौखिक अनुवाद अर्थात् आशु-अनुवाद की प्रणाली का भी विकास हो रहा है।

निष्कर्षतः यह कहा जा सकता है कि भाषाविज्ञान और अनुवाद का सम्बन्ध काफी निकट है। यह आवश्यक नहीं कि अनुवादक को भाषाविज्ञान का प्रत्यक्ष ज्ञान हो अथवा वह भाषाविज्ञान का विद्वान् हो। जिस प्रकार किसी भी भाषा को बोलने वाले व्यक्ति के लिए भाषा के व्याकरण का प्रत्यक्ष ज्ञान न भी हो, तो भी वह अच्छा वक्ता और लेखक हो सकता है, उसी प्रकार अनुवादक के लिए भाषाविज्ञान का समुचित ज्ञान ही उसके लिए पर्याप्त है और उससे वह सफल अनुवादक भी हो सकता है। यह कहना असमीचीन न होगा कि अनुवादक को अपने अनुवाद कार्य में यदि भाषाविज्ञान का ज्ञान अथवा भाषा की व्याकरणिक व्यवस्था की जानकारी होती है तो उसे अनुवाद सम्बन्धी विभिन्न समस्याओं को हल करने में बहुत सहायता मिल सकती है।

# बहुभाषी देश में अनुवाद इंडस्ट्री

ए. अरविंदाक्षन

बहुभाषिकता सहजतः अनुवाद को प्रश्रय देती है। यह भाषायी मेल-जोल से बनती एक रचनात्मक प्रक्रिया का प्रतिफलन है। प्रश्न यही है कि किस तरह की सामग्री का अनुवाद बहुभाषिकता के माहौल में स्वाभाविक रूप से सम्भव हो पाता है। साहित्य के अनुवाद का इतिहास तो पुराना है और बहुभाषिक माहौल में उस दिशा में अनुवाद का होना स्वाभाविक भी है। वैचारिक साहित्य का क्या हाल है? क्या बहुभाषिकता वैचारिक साहित्य को प्रेरित करती है? प्रेरित तो करती है और समय-समय पर कुछ अनुवाद हुए भी हैं। लेकिन अधिक नहीं। इसलिए बहुभाषिकता के बावजूद वैचारिक साहित्य अपनी भाषा-सीमा में सिमट जाता है। ज्ञान केन्द्रित आदान-प्रदान में अनूदित वैचारिक ज्ञान-सम्पदा की भूमिका दर्ज नहीं दीखती है। भारतीय सन्दर्भ में यह बात काफी गम्भीर है। इसलिए भारत की बहुभाषिकता के सन्दर्भ में अनुवाद पर पुनर्विचार करना जरूरी है।

आज के समय में अनुवाद कार्य को नए सिरे से देखने की जरूरत है। अनुवाद को मात्र कुछ साहित्यिक ग्रन्थों के अनुवाद तक सीमित नहीं करना चाहिए। अक्सर होता यही है कि यह देखा जाता है कि साहित्य के कितने ग्रन्थ किन-किन भाषाओं में या किन भाषाओं से अनूदित हुए या साहित्येतर ग्रन्थ सामान्यतः कितने अनूदित हुए। उसका भी महत्त्व है। पर वह एक अलग विषय है। जरूरत इस बात की है कि भारत की सभी भाषाओं में सभी विषयों की सामग्री अनूदित होकर ऑन लाइन उपलब्धता सुनिश्चित करने की है। उदाहरण के लिए तमिल में उपलब्ध मौसम के परिवर्तन सम्बन्धी ग्रन्थों (भले ही वे ग्रन्थ पारम्परिक ज्ञान-सम्पदा के हो) के विभिन्न भाषाओं में अनुवाद या हिन्दी में उपलब्ध राजनीति सम्बन्धी ग्रन्थों या संस्कृत में उपलब्ध चिकित्सा विज्ञान के ग्रन्थों या पंजाबी में उपलब्ध कृषि विज्ञान से सम्बन्धी ग्रन्थों के अनुवाद सभी भाषाओं में क्या उपलब्ध है? ये अनूदित सामग्री पुस्तकाकार भी मिले तथा ऑन-लाइन से भी। ऐसा कोई काम अभी तक शुरू नहीं

हुआ है। वैचारिक सम्पदा, चाहे वह पारम्परिक हो या नई, विपुल मात्रा में उपलब्ध है। उसका हमारे ज्ञान क्षेत्र में काफी महत्त्व है। अनुवाद का क्षेत्र, इस अर्थ में, बहुत बड़ा है। इसके लिए अनुवाद को 'इंडस्ट्री' के रूप में परिकल्पित और बदलना होगा। अर्थात् अनुवाद कार्य को व्यक्तियों या संस्थाओं के नियमित घिसे-पिटे कार्यक्रम तक सीमित न रखें, अनुशासन की कोई सीमा न रखें, भाषा की कोई सीमा न रखें। बल्कि अनुवाद के माध्यम से मूल ज्ञान-सम्पदा के मौलिक विचारों की सम्प्रेषणीयता को केन्द्र में रखें। अनुवाद को जब तक इंडस्ट्री के रूप में नहीं देखा जाएगा तब तक अनुवाद का, आज के समय के अनुसार, चरित्र और उपयोग बदल नहीं सकता। अनुवाद का अब का जो गतिहीन चरित्र है उसको अवश्य बदलना चाहिए। वह व्यक्ति विशेष की अभिरुचियों तक सीमित कार्य न रहे तथा इनी-गिनी संस्थाओं की विशेष योजनाओं के तहत निर्मित होने वाली सामग्री भी न रहे। किसी भी समाज में ज्ञान-सम्पदा का महत्त्व है और बहुभाषिक माहौल में ज्ञान-सम्पदाओं का दुगुना महत्त्व है और उसकी सही व उपयोगी सम्प्रेषणीयता इंडस्ट्री के माध्यम से ही पूरी हो सकती है।

उच्च शिक्षा के क्षेत्र के विभिन्न अनुशासनों की स्तरीय सामग्री के माध्यम से उपरोक्त बात पर चर्चा की जा सकती है। यह सर्वविदित बात है कि इस क्षेत्र में अंग्रेजी का ही वर्चस्व है। एक विशेष भाषा का केन्द्रीकरण और उसके बिना विभिन्न ज्ञान-सम्पदाओं के आदान-प्रदान को असम्भव समझना हमारे देश में रूढ़ हो गया है। इस रूढ़ मान्यता को समाप्त किया जाना चाहिए। यह एक बहुत बड़ा काम है। यह काम साधारण अनुवाद कार्य से पूरा नहीं किया जा सकता। यह अनुवाद इंडस्ट्री ही कर सकती है। श्रेष्ठतम उच्च शिक्षा संस्थानों में उपलब्ध सुविधाएँ हमारे साधारण शिक्षा संस्थानों के पास नहीं हैं। वह सम्भव भी नहीं है। लेकिन श्रेष्ठतम संस्थानों के द्वारा उपयुक्त की जानी पूरी ज्ञान-सम्पदा, चाहे वह जिस किसी अनुशासन से सम्बन्धित हो जैसे प्रबन्धन, प्रौद्योगिकी या विज्ञान व आयुर्विज्ञान को अनुवाद इंडस्ट्री उपलब्ध करा सकती है। यहाँ सिर्फ भाषान्तरण का मुद्दा ही नहीं है। हमारा तो एक बहुभाषी देश है। जनतांत्रिक देश भी है हमारा। कुछ चुने हुए तबके के लोगों के लिए जो ज्ञान-सम्पदा उपलब्ध है उसका अंग्रेजी से भाषान्तरित होकर भारतीय भाषाओं में भी उपलब्ध किया जाए तो उसका फायदा सभी तबके के लोगों के लिए हो सकता है। भाषान्तरित सम्पदा यदि मानक ढंग से तैयार की गई हो तो निम्न स्तरीय नहीं हो सकती है। इसलिए यह संकेतित किया गया था कि अनुवाद इंडस्ट्री के माध्यम से सिर्फ भाषान्तरण का कार्य ही सम्भव नहीं होता है। ज्ञान-सम्पदा का समुचित वितरण और किसी एक भाषा के वर्चस्व का समापन भी अनुवाद इंडस्ट्री के माध्यम से सम्भव होता है। इससे यह बात स्पष्ट होती ही है कि अनुवाद इंडस्ट्री का कार्य

अनुवाद कराना और उपलब्ध कराना भर नहीं है। समाज के सभी तबकों के लिए उसकी उपयोगिता सुनिश्चित करना और उसके लिए आवश्यक प्रशिक्षण दिलाना भी इंडस्ट्री की कार्य-कुशलता की परिधि में आता है। ऐसे में अनूदित सामग्री अपनी सम्प्रेषणीयता के बल पर भी अपनी सामान्य सीमा को पार कर जाती है। अर्थात् अनुवाद इंडस्ट्री का काम तीन स्तरीय है। भाषान्तरण, प्रशिक्षण और सम्प्रेषण।

बहुभाषी देश में ज्ञान-सम्पदा की सुलभता का अभाव अकसर किसी एक शक्तिशाली भाषा को केन्द्र में रख ही देता है और उस भाषा का वर्चस्व बढ़ता जाता है। लम्बे अरसे से ज्ञान-सम्पदा के क्षेत्र में अंग्रेजी केन्द्र में रही जिसका ऐतिहासिक कारण था। ब्रिटिश शासन ने अपनी भाषा को केन्द्र में रखा जो स्वाभाविक था। स्वातंत्र्योत्तर भारत में भी ज्ञान-सम्पदा की भाषा अंग्रेजी रही जिससे दूसरी भाषाएँ अपने-अपने क्षेत्र में सिमटती गईं। हिन्दी की स्थिति कुछ अलग है। वह बड़े प्रदेश में बोली जाने वाली भाषा है और संविधान द्वारा अनुमोदित भी है। इसके बावजूद अंग्रेजी से वह टक्कर नहीं ले पा रही है। समस्या यहाँ अंग्रेजी के वर्चस्व को समाप्त करने की नहीं है। भारतीय संविधान में अंग्रेजी भी मान्यता प्राप्त भाषा है। इसके बावजूद समस्या यह है कि ज्ञान-सम्पदा का समान वितरण समाज के सभी तबकों के प्रत्याशियों के लिए कैसे उपलब्ध किया जा सकता है जिसका गुरुतर कार्य समझाना अनिवार्य है। विचारणीय यही है कि इस राष्ट्रीय नेटवर्किंग कार्य में अनुवाद-इंडस्ट्री का क्या योगदान हो सकता है?

देश में यदि अनेक भाषाएँ हैं तो कोई भी भाषा न उच्च श्रेणी की अर्हता रखती है न निम्न श्रेणी की। सभी की अर्हताएँ समान होती हैं। ऐसे में श्रेष्ठ ज्ञान-सम्पदा सीमित लोगों के पास रह जाए तो वह वांछनीय स्थिति नहीं है। एक तो वर्चस्वी समाज इस कारण से उत्तरोत्तर आगे बढ़ता रहता है और मामूली समाज पिछ्डता है। बहुभाषिकता की एक और समस्या है और वह है कुछ भाषाओं की बहुसंख्यता तथा कुछ भाषाओं की अल्पसंख्यता। अल्पसंख्यकों के द्वारा प्रयुक्त भाषा विकास नहीं कर पाती और यदि अल्पसंख्यक भाषा-प्रदेश अन्य कारणों से विकसित भी हो जाएँ तो उस प्रदेश में वहाँ की भाषा के स्थान पर वर्चस्वी भाषा अधिकतर ग्रहण करती है। इसलिए ज्ञान-सम्पदा की समान उपलब्धता और उसका प्रौद्योगिकी सक्षम उपयोग सबको मिलना चाहिए और सबको करना चाहिए।

भारत में अभी अनुवाद इंडस्ट्री की अवधारणात्मक स्तर पर भी स्वीकृति नहीं हुई है। राष्ट्रीय अनुवाद मिशन उसका एक रूप है। लेकिन वह अनुवाद इंडस्ट्री नहीं है। राष्ट्रीय अनुवाद मिशन अन्य संस्थाओं की तरह कुछ विषय विशेषों की सामग्री के निर्माण की प्रक्रिया में संलग्न है। उससे ज्ञान-सम्पदा के क्षेत्र में वांछित फायदा नहीं हो सकता है। उससे वैचारिक क्षेत्र में कोई गुणात्मक परिवर्तन नहीं हो सकता

है। अनुवाद इंडस्ट्री की अवधारणा और उसकी कार्यकुशलता की कोई सीमा नहीं है। हम लगातार आई.आई.टी., आई.आई.एम. या आई.आई.सी. जैसी संस्थाओं की बात करते हैं। सही है। लेकिन अनुवाद इंडस्ट्री की संकल्पना जब अपनी चरम स्थिति में कार्यान्वित होगी तो एक मामूली संस्था और एक बड़ी संस्था में कोई अन्तर नहीं रह जाना चाहिए। सवाल उठ सकता है कि क्या सबको सभी प्रकार की सामग्री के उपलब्ध होने से समस्या का हल हो जाएगा? अनुवाद इंडस्ट्री का कार्य ज्ञान-सम्पदा का समान वितरण मात्र नहीं है। उसके उपयोग और सम्प्रेषणीयता में भी उसकी भूमिका होनी चाहिए।

सबसे पहले अनुवाद इंडस्ट्री के कार्य क्षेत्र को सुनिश्चित करना जरूरी है। कार्यक्षेत्र से तात्पर्य है कि अलग-अलग भाषाओं की किन-किन ज्ञान-सम्पदाओं को अनुवाद इंडस्ट्री के माध्यम से चयनित किया जाना चाहिए। इस दिशा में यह बेहतर होगा कि ज्ञान-सम्पदाओं के मामले में कोई सीमा-रेखा न खींची जाए। सिर्फ इतना पर्याप्त होगा कि कौन-कौन सी सम्पदाएँ इसके अन्तर्गत परिगणनीय हैं। उसके साथ यह तय किया जा सकता है कि उसके अलग-अलग स्तर निश्चित किए जाएँ। लेकिन आखिरी स्तर पर उस भाषा की समस्त ज्ञान-सम्पदाओं का अनुवाद सभी भाषाओं में तैयार हो जाना चाहिए। सुविधा के लिए अनुवाद इंडस्ट्री का स्वरूप इस तरह से परिकल्पित किया जा सकता है।

**अनुवाद इंडस्ट्री का कार्य क्षेत्र और कार्य व्यापार**

पहला चरण
- ज्ञान-सम्पदाओं का चयन
- भारतीय भाषाओं का चयन
- विदेशी भाषाओं का चयन
- अनुवाद-प्रक्रिया की समय-सीमा को सुनिश्चित करना
- प्रोफेशनल तरीके से स्तरीय अनुवाद कार्य को भी सुनिश्चित करना

दूसरा चरण
- अनुवाद इंडस्ट्री द्वारा चयनित-अनूदित सामग्री का संसाधन
- संसाधित सामग्री को उपयोग में लाने योग्य क्षेत्र

- आठवीं से बारहवीं कक्षा तक की पाठशालाएँ
- उच्च शिक्षा संस्थान
- कॉरपोरेट सेक्टर
- प्रशासन
- राष्ट्रीय पुस्तकालय

अनुवाद इंडस्ट्री का विस्तार

**तीसरा चरण**
- पहले चरण में स्वीकृत भारतीय भाषाओं एवं विदेशी भाषाओं का चयन-विस्तार
- समय-सीमा का निर्धारण
- अनूदित सामग्री की ऑन लाइन उपलब्धता।
- आवश्यक अन्य प्रौद्योगिकी की उपलब्धता

अनुवाद इंडस्ट्री की कार्यप्रणाली का विश्लेषण

**चौथा चरण**
- अनूदित सामग्री के उपयोग का निरन्तर विश्लेषण
- कमियों के सम्बन्ध में उपभोक्ताओं की प्रतिक्रियाओं का निरन्तर विश्लेषण
- कमियों को दूर करने की प्रक्रिया का आरम्भ

**पाँचवाँ चरण**
- अस्तरीय संस्थाओं के लिए ज्ञान-सम्पदा के उपयोग में प्रशिक्षण और उन्हें स्तरीय बनाना
- प्रशिक्षण के अलग-अलग स्तर को सुनिश्चित करना
- उपभोक्ताओं के प्रशिक्षण में भागीदारी का विश्लेषण
- निश्चित समय पर प्रशिक्षण को दुहराना

जिस तरह से अनुवाद इंडस्ट्री की कार्यप्रणाली की पूरी प्रक्रिया को विभिन्न चरणों में बाँटकर प्रस्तुत किया गया है उस तरह यह पूरी प्रणाली आसानी से कार्यान्वित नहीं हो सकती है। इसके लिए विपुल मानव-संसाधन की जरूरत है। व्यापक 'विजन' के तहत इसको आत्मसात् किया जाना आवश्यक है। इसका विकेन्द्रीकरण भी जरूरी है। किसी एक केन्द्र में न होकर सभी राज्यों में इसका काम चलना चाहिए। अनुवाद इंडस्ट्री को पूरी तरह से प्रौद्योगिकी से रिश्ता रखना होगा। बिना उसके यह इंडस्ट्री कार्य-कुशल नहीं बन सकती। इसके अन्तर्गत सिर्फ ऑन लाइन उपलब्धता ही नहीं बल्कि सुगमता से प्राप्ति, सुगमता से प्रवेश-सुविधा, आवश्यक प्रशिक्षण की सुगमता आदि उसकी प्रौद्योगिकी में शामिल होने चाहिए। एक बहुत बड़े फलक में इंडस्ट्री को परिकल्पित और कार्यान्वित किया जाना चाहिए।

आजकल सभी राज्यों में न सही बहुत से राज्यों में भाषा संस्थान स्थापित हुए हैं जहाँ मात्र अपनी-अपनी भाषाओं को क्लासिकी श्रेणी में सिद्ध करने लायक काम ही चल रहे हैं। इन सभी केन्द्रों में तथा अलग से बनाए जाने वाले केन्द्रों में एवं भाषा

केन्द्रित विश्वविद्यालयों में अनुवाद इंडस्ट्री का काम चलाया जा सकता है। एक-एक संस्था क्या काम करेगी इसको सुनिश्चित किया जाना भी जरूरी है। सदैव समय-सारणी पर ध्यान देना भी जरूरी है। सरकारी, स्वायत्त संस्थाओं के अलावा निजी संस्थाओं को भी इस व्यापक काम में भागीदार बनाया जा सकता है। निजी संस्थाओं की पूँजी नहीं बल्कि इंडस्ट्री का आंशिक काम उन्हें दिया जाना उचित है।

अनुवाद इंडस्ट्री का प्रौद्योगिकी पक्ष भी बहुत महत्त्वपूर्ण है। उदाहरण के लिए आयुर्विज्ञान की प्राचीन एवं अद्यतन ज्ञान-सम्पदाओं का यदि अनुवाद इंडस्ट्री सभी भारतीय भाषाओं में उपलब्ध कराने में सफल हो गई तथा आयुर्विज्ञान संस्थानों में उपयोग में आने वाले सभी विदेशी ज्ञान-सम्पदाओं का भारतीय भाषाओं में उपलब्ध कराने में इंडस्ट्री यदि सफल हो गई तो कोई भी आयुर्विज्ञान संस्थान अपनी भाषा में इसका उपयोग कर सकता है। ऐसी स्थिति में भाषायी वर्चस्व स्वयमेव खत्म हो जाता है और ज्ञान-सम्पदा मुख्य हो जाती है। इसके अलावा एक नीतिगत निर्णय की भी जरूरत है। यानी उसका निष्पादन भी उसी भाषा में हो। इंडस्ट्री को यह भी सुनिश्चित करना होगा कि प्रौद्योगिकी सक्षम सुविधा हर संस्थान में भी बिना किसी रोक-टोक उपलब्ध हो। वस्तुतः यह जरूरी नहीं है कि सैकड़ों अनुशासनों की ज्ञान सम्पदाओं की अनूदित सामग्री का मुद्रित रूप तैयार करे बल्कि डिजिटल प्रोसेसिंग के तहत उसकी उपलब्धता हो। कोई भी किसी तरह की सामग्री को कहीं से भी प्राप्त कर सकता है। यह अनुवाद इंडस्ट्री का आदर्श होना चाहिए।

यहाँ पर अनुवाद इंडस्ट्री को मुख्य रूप से उच्च शिक्षा के सन्दर्भ में ही विचारणीय बनाया गया है। दूसरे सेक्टरों में भी इसका ऐसा ही उपयोग वांछित और अनिवार्य है। अनुवाद इंडस्ट्री भाषाओं की सीमाओं को तोड़ने का एक उपक्रम है। उसके माध्यम से ज्ञान-सम्पदाओं में भाषा-केन्द्रीकरण की समस्या को भी वह तोड़ती है। तीसरी मुख्य बात यह है कि सभी चीजों की सर्वसुलभता तथा सम्बन्धित समस्याओं का निवारण भी अनुवाद इंडस्ट्री की कार्य प्रणाली का अंग है। अनेक प्रकार के प्रशिक्षण (ऑन लाइन) भी इसमें शामिल होना अनिवार्य है। अनुवाद इंडस्ट्री ज्ञान-सम्पदा के चयन से लेकर वितरण तक, प्रशिक्षण से लेकर प्रत्याशियों की ग्रहण-क्षमता तक का विश्लेषण कर सकती है। यह एक बड़ा काम है। एक बड़े देश को अपने पैरों खड़ा करने के लिए उसके सभी नागरिकों को अपने भाषा-ज्ञान की सुलभता को सुनिश्चित कराने में यह इंडस्ट्री मदद कर सकती है।

# निर्वचन और सम्प्रेषण सिद्धान्त

अन्नपूर्णा सी.

आशु अनुवाद, निर्वचन आदि शब्दों का वर्तमान युग में अनुवाद के क्षेत्र में ज्यादा प्रयोग हो रहा है। लेकिन भारतीय चिन्तन के क्षेत्र में 'निर्वचन' कोई नया शब्द नहीं है। आशु अनुवाद और निर्वचन शब्दों के अंग्रेजी 'Interpretation' और 'Simultaneous Translation' के लिए प्रयोग हो रहा है। परन्तु निर्वचन शब्द की व्युत्पत्ति संस्कृत से हुई है। जैसे—संस्कृत शब्दकोश के अनुसार निर्+वच्+ल्युट्- निर्वचन : इस का अर्थ उक्ति, उच्चारण होता है, तथा हिन्दी शब्द सागर के अनुसार निर्वचन-(संज्ञा, पु.) : इसका अर्थ 'निश्चित रूप से कोई बात कहना' होता है। परन्तु 'निः या निर' उपसर्ग के अर्थ की दृष्टि से देखते हैं तो जिसका अर्थ बिना, बाहर तथा प्रत्यय 'वि' का अर्थ चुप, मौन, निर्वाक् होता है।

शाब्दिक अर्थ की दृष्टि से देखें तो 'निर्वचन' के लिए 'Interpretation' और आशु अनुवाद के लिए 'Simultaneous Translation' शब्दों को पर्याय के रूप में लेना उचित लगता है। क्योंकि आर्थी दृष्टि से देखें तो आशु अनुवाद—तत्काल अनुवाद या समानान्तर अनुवाद के रूप में 'Simultaneous Translation' शब्द का प्रयोग उचित लगता है। लेकिन निर्वचन की अर्थ की दृष्टि से देखें तो 'निश्चित रूप से कोई बात को कहना', 'निरूपण' आदि अर्थ हैं। आशु अनुवाद करते समय भी मौखिक रूप में तत्काल अनुवाद द्वारा मूल भाषा के वक्ता की बातों को लक्ष्य भाषा में निश्चित रूप से बताया जाता है। इस प्रक्रिया में वक्ता और श्रोता के बीच में दुभाषिया कार्य करता है। दुभाषिया वक्ता की बातों को श्रोताओं तक निश्चित रूप में पहुँचाता है। इसमें कोई सन्देह नहीं है। इस तरह आशु अनुवाद दो भाषाओं के बीच में सेतु का काम करता है जिस तरह अनुवाद दो संस्कृतियों को जोड़ता है।

अतः अंग्रेजी पर्याय का प्रयोग 'Simultaneous Translation' आशु अनुवाद के लिए सटीक नहीं लगता, 'Interpretation' सही पर्याय है। निश्चित रूप से बात को तत्काल व्यक्त करता है उस अनुवादक को 'दुभाषिया' अंग्रेजी में 'Interpretar'

और हिन्दी में आशु अनुवादक कहा जाता है। भाषाविदों में इस पर मतभेद है क्योंकि निर्वचन शब्द का दूसरा विलोम अर्थ चुप, मौन रहना आदि भी होता है। इसी के विपरीत किसी बात को निश्चित कहना। इसके साथ-साथ किसी दूसरे व्यक्ति की बातों की व्याख्या करना या समझाने की दृष्टि से भी सामान्य प्रयोग में 'Interpretation' शब्द का प्रयोग करते हैं—जैसे किसी बात को सही ढंग से प्रस्तुत नहीं कर पाया तो कहा जाता है कि गलत व्याख्या हुई। यहाँ यह प्रश्न उठता है कि यदि कोई व्यक्ति किसी नियम/सिद्धान्त/श्लोक/कविता आदि का अर्थ उसी भाषा में या अन्य भाषा में तत्काल प्रस्तुत करता है तो वह आशु अनुवाद की परिधि में नहीं आता। क्योंकि यहाँ वक्ता की या मूलपाठ की बातों का अर्थ श्रोताओं तक उसी भाषा में विस्तारपूर्वक समझाने के लिए ऐसी पद्धति को अपनाया जाता है। जैसे—प्रवचन या कक्ष में अध्यापक अपने छात्रों को पढ़ाना/गुरु द्वारा अपने शिष्यों का मार्गदर्शन करने के लिए पाठ/श्लोक/सन्देश को समझाने के लिए उसकी व्याख्या करता है। यह व्याख्या निर्वचन के अन्तर्गत आती है, परन्तु आशु अनुवाद की प्रक्रिया के अन्तर्गत नहीं आती। इसे टीका, व्याख्या कहा जा सकता है। दूसरे सन्दर्भ में भी कहा जा सकता है कि किसी सिद्धान्त, शास्त्र या नियम की व्याख्या या कार्यान्वयन को भी इस परिधि में लेते हैं। आधुनिक सन्दर्भ में जिस तरह अनुवाद का विस्तार और विकास देख रहे हैं उसी के साथ 'Interpretation' के सन्दर्भ में भी विचार विमर्श हो रहा है। इसे एक अलग स्कूल के रूप में देखा जा रहा है। कहा जाता है कि इसकी चर्चा सस्यूर के बाद से ही शुरू हुई। 'Expression' 'Interpretation' का हिस्सा है। साथ में इसके अन्तर्गत व्याख्या (To Explain) भी देते हैं, विस्तार भी (To Expand) करते हैं, संक्षेप में अपनी बात जोड़ते हैं।

एक भाषा के कथ्य को दूसरी भाषा में प्रस्तुत करने वाले को सामान्यत: अनुवादक कहा जाता है, परन्तु बात मौखिक रूप में तुरन्त प्रस्तुत करने वाले को आशु अनुवादक या दुभाषिया या भाषान्तरकार कहा जाता है। अंग्रेजी में इस कार्य को 'Interpretation' कहते हैं। निर्वचन भी तत्काल ही किया जाता है और करने वाले को 'निर्वचक' कहा जा सकता है। अनुवाद और आशु अनुवाद की प्रक्रिया में अन्तर तो है परन्तु निर्वचक निर्वचन में दोनों की प्रक्रियाओं को अपनाता है। क्योंकि निर्वचन तत्काल भी होता है तथा अनुवाद जैसे विवेचन भी करता है। साथ में पुनर्रचना भी होती है।

निर्वचन की प्रक्रिया को भी भाषावैज्ञानिक सिद्धान्तों की दृष्टि से विश्लेषित कर देख सकते हैं। भाषा का काम सम्प्रेषण करना है। निर्वचन में अर्थ की दृष्टि से पुन:प्रस्तुतीकरण भी होता है। सम्प्रेषण सिद्धान्त के स्तर पर देखा जाए तो लिखित सम्प्रेषण का प्रयोग अनुवादक करता है तो निर्वचक मौखिक सम्प्रेषण के द्वारा

व्याख्या और विस्तार करता है। अभिव्यक्ति व्यवस्था पद्धतियों के द्वारा होती है। क्योंकि सन्दर्भ के अनुसार वक्ता अभिव्यक्ति में बदलाव करता है। यहाँ हम कोडीकरण की दृष्टि से भी निर्वचन को देख सकते हैं।

कोडिंग...डिकोडिंग...एनकोडिंग

इस प्रक्रिया में निर्वचक सम्प्रेषण के अनुसार भाव और विचारों को भाषा के रूप में कोडिंग करता है। उसे ही बाद में बोलता है, सम्प्रेषित करता है। यह अभिव्यक्ति के स्तर पर होता है। 'Interpretation' करते समय निर्वचक के पास 'Decoding' के लिए समय नहीं होता। अगर होता भी है तो सही रूप में अर्थ ग्रहण करने में कठिनाई उत्पन्न होती है। इसलिए अर्थ ग्रहण की गड़बड़ी ही निर्वचन में अर्थहानि का कारण बनती है। अर्थात् जिस प्रकार अनुवादक के लिए दोनों भाषाओं का ज्ञान आवश्यक है ठीक उसी प्रकार निर्वचक के लिए भी दोनों भाषाओं का ज्ञान आवश्यक है।

अनुवादक शुद्ध व्याकरणिक और भाषावैज्ञानिक दृष्टि से विश्लेषण करता है। इसका वह दो स्तरों पर विवेचन करता है, जैसे—आन्तरिक और बाह्य दृष्टिकोण। निर्वचक व्याकरणिक दृष्टि से तो विश्लेषण करता है साथ में संरचना को भी देखता है। क्योंकि यहाँ निर्वचक अनुवादक जैसे लिखित माध्यम से मूल भाषा तक सीमित होकर बैठ नहीं सकता। लिखित से बाहर जाएगा तब होता है। लिखित और मौखिक दोनों स्तरों की सीमा से बाहर निकलकर सोचता है। यहाँ दोनों भाषाओं के सामाजिक, सांस्कृतिक सन्दर्भ को भी देखना पड़ता है। वक्ता की बातों को श्रोता तक पहुँचाने के लिए निर्वचक 'Oral & Written' दोनों 'Barriears' तोड़ देता है। सम्प्रेषण मुख्य बिन्दु बन जाता है। दूसरी ओर साहित्यिक विषयों का और साहित्येतर विषयों से परस्पर भिन्न होता है।

यहाँ सम्प्रेषण सिद्धान्त के आधार पर निर्वचन प्रक्रिया को इस प्रकार बता सकते हैं। आज भाषा के नए-नए अध्ययन क्षेत्र खुल रहे हैं। अब भाषा अध्ययन को संकेतविज्ञान (Semiotics) की एक शाखा के रूप में देखा जा रहा है। जिससे भाषा के कोड और सरणि की अवधारणा सामने आई है। इसमें एक ओर विचारों, भावनाओं आदि को भाषिक प्रतीकों में कोडीकृत किया जाता है। यह बात इस पर निर्भर होती है कि सम्प्रेषण के लिए कौन सी सरणि उपलब्ध है या अपनाई जाए। भाषा का सन्दर्भ माध्यमपरक सरणि अर्थात् ध्वनि चिह्न अथवा लिपिचिह्न के प्रयोग से है। ध्वनि चिह्न के प्रेषण के लिए वक्ता के नागेन्द्रिय और श्रोता के श्रवणेन्द्रियों का उपयोग होता है। निर्वचन में वक्ता बोलता है तो ग्रहीता ग्रहण करता है। इसे कोडीकरण और विकोडीकरण के साथ जोड़कर बता सकते हैं।

कोडीकरण और विकोडीकरण की प्रक्रिया ऊपर से जितनी सरल लगती है भीतर से उतनी ही दुरूह और जटिल है। वाक्सिद्धान्त के अनुसार भाषिक प्रतीक के रूप में किसी संकल्पना (concept) के कोडीकरण की प्रक्रिया तीन तत्त्वों पर आधारित होती है, जैसे—भाषिक प्रतीक (symbol) दूसरा सांकेतिक वस्तु (Referent) और तीसरा सामाजिक एवं संस्कृति का अनुभव (Sociocultural Experience)। कोडीकरण और विकोडीकरण के दौरान इन तीनों तत्त्वों की जो प्रवृत्तिगत दिशा संकल्पना के साथ रहती है उसे इस तरह बता सकते हैं—

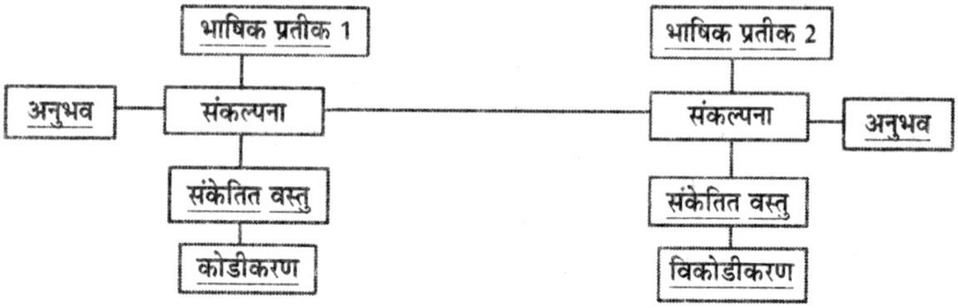


सम्प्रेषण और अभिग्रहण के साथ कोडीकरण और विकोडीकरण की प्रक्रिया को ध्यान में रखा जाए तो सम्प्रेषण व्यापार इस प्रकार होगा।

इसी प्रकार किसी सिद्धान्त का प्रतिपादन भाषावैज्ञानिक या भाषा शास्त्रियों द्वारा होता है तो उसे भी उपरोक्त पद्धति के माध्यम से श्रोता तक निर्वचक पहुँचाता है। उसी तरह आध्यात्मिक प्रवचन की व्याख्या करने का प्रयास भी निर्वचक करता है। वास्तव में अनुवाद प्रक्रिया दो भाषाओं का सम्प्रेषण व्यापार है। सम्प्रेषण सिद्धान्त के अनुसार अनुवाद के व्यापक सन्दर्भ को प्रतीक सिद्धान्त के आकलन में चर्चा की जाती है। पियर्स ने प्रतीक सिद्धान्त को प्रस्तुत किया तो रोमन याकोब्सन ने इसके आधार पर अनुवाद के तीन प्रकार बताए—अन्त:भाषिक, अन्तरभाषिक और अन्तरप्रतीकात्मक। यह तीसरा प्रकार अन्तरप्रतीकात्मक अनुवाद ही 'Intersemiotic Translation' (प्रतीकात्मक अनुवाद) स्वतंत्र ज्ञान शाखा के रूप में विकसित हो रहा है।

निर्वचन में भाषिक प्रतीकों का प्रयोग मौखिक तथा लिखित रूप से लेकर उसकी व्याख्या को स्थापित करते हुए अन्य उदाहरणों के साथ विस्तृत रूप में श्रोता तक पहुँचा देता है। श्रोता इसे अपने स्तर के अनुसार ग्रहण करता है। वक्ता इसमें प्रतीकों का प्रयोग करते समय श्रोता के सामाजिक, सांस्कृतिक स्तर एवं सन्दर्भों को भी दृष्टि में रखकर उसके अनुकूल अपने सन्देश में प्रयोग करता है। निर्वचक भी उल्लिखित सभी स्तरों का उचित रूप में प्रयोग करते हुए श्रोता तक पहुँचा देता है। यहाँ निर्वचक या वक्ता के रूप में स्वयं निर्वचक ही काम करता है। जैसे अंग्रेज लोग सम्बोधन के रूप में 'Warm Welcome' अभिव्यक्ति का प्रयोग करते हैं। निर्वचक या अनुवादक इसका अनुवाद कैसे करें? यह प्रश्न उपस्थित होता है। इसके लिए 'हम आपका हार्दिक स्वागत करते हैं' या 'तहे दिल से स्वागत करते हैं' आदि करेंगे तो अंग्रेजी अभिव्यक्ति का सही प्रस्तुतीकरण होता है।

इस प्रकार निर्वचन के अध्ययन में सम्प्रेषणपरक सिद्धान्त के एक रूप का प्रयोग देख चुके हैं। इसके दूसरे रूप का विकास समाज भाषा विज्ञान में देख सकते है। इसमें यह देखा जाता है कि कौन, किस१से, क्यों, कब, और कहाँ बात कर रहे हैं। यह सिद्धान्त अनुवाद और निर्वचन में काफी उपयोगी है। क्योंकि सामान्य अनुवादक लिखित रूप में किसी भी रचना का अनुवाद करता है। निर्वचन में निर्वचक वक्ता के सन्देश को श्रोता तक तत्काल पहुँचा देता है। इसी पर आधारित होती है उनकी सफलता और विफलता। अनूदित रचना की सम्प्रेषणीयता के द्वारा ही उस रचना का स्थान निर्धारित किया जाता है।

अत: निर्वचक निर्वचन प्रक्रिया में सम्प्रेषणपरक सिद्धान्त का आधार मानकर आगे बढ़ता है तो अपनी प्रक्रिया में सफल बन सकता है। स्रोत भाषा का सन्देश लिखित में हो या मौखिक दोनों स्तरों पर निर्वचक सम्प्रेषणपरक सिद्धान्त को बोधगम्यता और सहजता के स्तर पर अच्छी तरह उपयोग कर सकता है।

# सांस्कृतिक संचरण और अनुवाद

## देवशंकर नवीन

अनुवाद, या अनुवचन, या अनुकथन की परम्परा भारत में बहुत प्राचीन है। विभिन्न देशों के लोग अपने यहाँ की अनुवाद-परम्परा को प्राचीनतम साबित करने के लिए विभिन्न राजाओं के शासन काल के द्विभाषी-त्रिभाषी शिलालेखों का उल्लेख करते हैं। भारतीय अध्येताओं को इस दिशा में अधिक उद्यम करने की आवश्यकता नहीं पड़ेगी। प्राक्वैदिक काल की लोक संस्कृति और लोकजीवन में, वैदिक काल के गुरुकुल के अध्यापन कौशल में, और फिर ऋग्वेद की ऋचाओं का सामवेद में सांगीतिक उपयोग, यजुर्वेद में यज्ञ विधानादिक उपयोग, तथा अथर्ववेद में विधागत परिवर्तनात्मक उपयोग, उत्तरवैदिक काल के लोकजीवन के कृषि संस्कृति से वाणिज्य संस्कृति की ओर प्रवेश में, ब्राह्मण, आरण्यक, उपनिषदों के विवेचन में, निरुक्त, निघंटु की रचना प्रक्रिया में, बौद्ध धर्म की अन्तर्राष्ट्रीय ख्याति में, अश्वघोष की रचना वज्रसूची के प्रचार-प्रसार में, सिद्ध साहित्य के विवेचन में, रामायण, महाभारत के विभिन्न अनुवादों में हम इस परम्परा को ढूँढ़ते हुए आगे तक आ सकते हैं। कहा जाता है कि अनुवाद की सबसे बड़ी आवश्यकता धर्म, दर्शन, साहित्य, कला के प्रचार हेतु हुई। पर इससे भी पहले अनुवाद की प्राथमिक आवश्यकता हुई, मनुष्यों और मानव समुदायों के बीच आपसी समझ बनाने में, ताकि वे एक-दूसरे की भावनाओं और अपेक्षाओं को समझ सकें। एक-दूसरे को जानने की यह पूरी प्रक्रिया थोड़ी जटिल है। यह कई सोपानों में तय हो पाता है। वस्तुतः एक-दूसरे को जानने का अर्थ, उसका नाम, गाँव, वर्ण, मुखमंडल जान लेना नहीं होता, इस उद्यम का तात्पर्य जो उस जनपद की पूरी संस्कृति को जानने से सम्पन्न होता है। यह संस्कृति किसी समाज का ऐसा घटक है, जो जनजीवन के आचार-व्यवहार, धर्म, दर्शन, साहित्य, कला...सब में समाहित रहता है।

जाहिर है कि किसी व्यक्ति को सम्पूर्णता में जानने की पूरी प्रक्रिया उस व्यक्ति को उसके जनपद और उसकी संस्कृति के साथ जानने से ही पूर्ण होगी। किसी मनुष्य

की बोली-बानी, विभिन्न परिस्थितियों में प्रमुख उसके भाषा फलक, उसके द्वारा प्रयुक्त शब्दावलियों, और किसी विषय-व्यक्ति-परिस्थिति पर उसकी दर्ज क्रिया-प्रतिक्रिया से भी उसका आचार-विचार-संस्कार जाना जाता है। इस बात को सम्प्रेषण के कई फलक के उदाहरण द्वारा इस तरह स्पष्ट किया जा सकता है।

*ओ ए केशव, एक गिलास पानी ले आओ!*
*केशव, एक गिलास पानी ले आना!*
*केशव जी एक गिलास पानी ले आएँगे!*
*केशव भाई, जरा एक गिलास पानी ले आएँगे!*
*भाई साहब, एक गिलास पानी की जरूरत है!*

ये सारे वाक्य एक ही भाषा में कहे गए हैं। लेकिन हर वाक्य में सम्बोध्य और सम्बोधक के आपसी सम्बन्ध और सम्बोधक के संस्कार परिलक्षित हैं। पहले दोनों वाक्य में स्पष्ट है कि सम्बोधक और सम्बोध्य का रिश्ता नियोजक और मातहत का है। लेकिन पहले वाक्य के सम्बोधक की नजर में सम्बोध्य के प्रति मानवीय भाव नहीं है। जबकि दूसरे वाक्य में वह भाव भी है। तीसरे-चौथे वाक्य का संस्कार ऐसा है कि सम्बोधक-सम्बोध्य का नियोक्ता भी हो सकता है, जो बहुत भला इनसान है, या फिर मित्र भी हो सकता है। पाँचवें वाक्य से साफ जाहिर होता है कि सम्बोधक और सम्बोध्य का रिश्ता यदि पुराना है, और सम्बोधक का ओहदा सम्बोध्य से बड़ा है, तो निश्चय ही वह व्यक्ति अत्यन्त सज्जन और सरल है, या सम्बोधक कोई गैर है, तो वह अनुनय कर रहा है।

यह स्थिति अलग-अलग तरीकों से हर भाषा में उपस्थित हो सकती है। ऐसी परिस्थिति में अनुवादक के समक्ष बहुत बड़ी चुनौती खड़ी होती है। यहीं आकर हम मूल रचनाकार के उस मौलिक भाव और आचरण को भी समझ पाते हैं, जिससे निर्देशित होकर वह अपने द्वारा सृजित पात्रों को भाषा देता है, या फिर उन पात्रों के आचरण पर अपनी टिप्पणी करता है। यहाँ तक कि उन पात्रों के सृजन सन्धान में भी वह रचनाकार जिनका ब्रह्मा होता है, उसके नामकरण, चरित्र-चित्रण, मनोदशा, सामाजिक-आर्थिक हैसियत, कथोपकथन...सब कुछ में हम उस रचनाकार का और रचनाकार द्वारा रचे गए समाज के उद्‌भव-परिवेश का संस्कार ढूँढ़ लेते हैं।

बात सच है कि कोई रचनाकार समाज में जो देखता-सुनता-भोगता है, अपनी रचनाओं में उसे ही प्रभावी ढंग से अंकित करता है। जन-जन तक वस्तुस्थिति का असली रूप प्रस्तुत कर आम नागरिक की सुसुप्त चेतना को उद्‌बुद्ध करने की चेष्टा करता है, स्थगन से भरे सामाजिक व्यवस्था में हलचल पैदा करता है। जीवन-यापन के शान्त तालाब में बुराइयों की, रूढ़ियों की, मानव विरोधी आचरणों की, मानव मूल्यों के अवमूल्यन की जो काई-कदाली जम गई होती है, उसमें खरोंच डालकर,

कंकड़ी मारकर उसकी तहों को काटता है और सामाजिक परिदृश्य का परिष्कार करना चाहता है। इन तमाम बातों में भाषा-व्यवहार की जितनी भी परतें होती हैं, वह पूरी तरह समकालीन समाज की सांस्कृतिक संरचनाओं से लिपटी रहती हैं। पाठ चाहे साहित्य का हो, सामाजिक विज्ञान का हो या इतिहास-भूगोल का...भाषा के सांस्कृतिक रचाव से वह पृथक् नहीं हो सकती। इसलिए अनुवाद के समय संस्कृति एक अहम तत्त्व के रूप में सामने आती है। अनुवादक इसकी गरिमा-संरक्षण में अपनी समस्त ऊर्जा और कौशल झोंक देता है।

किसी पाठ का अनुवाद करना, केवल उनकी शब्दावलियों, क्रियापदों, और सन्देशों का अनुवाद भर नहीं होता, बल्कि उस पूरी प्रक्रिया में भाषावैज्ञानिक, व्याकरणिक, और कोशीय उपस्करों के उपयोग के अलावा एक अन्य काम भी होता रहता है, और वह है मूल पाठ की संस्कृति का अनुवाद।

उक्त उदाहरणों में, या ऐसे और भी कई उदाहरण सोचे जा सकते हैं, जिनमें शब्दों, पदों का केवल कोशीय अर्थ पर्याप्त नहीं होगा। कोशीय अर्थों में हिन्दी के शब्द—चाची, ताई, मौसी, मामी, बुआ सबके लिए अंग्रेजी का एक शब्द है आंटी, पर इन सबके सांस्कृतिक सन्दर्भ एक नहीं हैं। भाषा के सन्दर्भ में संस्कृति बहुत बड़ा मसला है। भारतीय सन्दर्भ में सम्बन्धों को लेकर ही चलें, तो इसका व्याकरण इतने स्तरों का वैविध्य लिए हुए है, और उसका अन्वयार्थ इतना विराट है कि कोशीय अर्थ उस व्याख्या को ध्वनित नहीं कर सकता। परराष्ट्रीय भाषाओं की संस्कृति के साथ तुलना करके देखें तो साफ-साफ दिखाई देता है कि जिस जनपद में साली, सलहज, भाभी, बहू, चाचा, ताऊ, मामा, मौसा, फूफा जैसे सम्बन्ध ही नहीं हैं, वहाँ इन सम्बन्धों के साथ किए जाने वाले आचार-विचारों की क्या व्याख्या होगी! वैज्ञानिक, ज्ञानात्मक, वाणिज्यिक, ऐतिहासिक, भौगोलिक, सर्वेक्षणपरक, गणितीय पाठ अर्थात् जिसका सम्बन्ध केवल भाषा और तथ्य से है, उनमें सांस्कृतिक सन्दर्भ की बातें तो केवल भाषा-व्यवहार और तथ्य के प्रति रचनाकार के रवैये से जानी जाती हैं, पर साहित्यिक, सांस्कृतिक, धार्मिक, राजनीतिक, सामाजिक पाठ, जिसका सीधा सम्बन्ध सामाजिक जीवन-यापन, आचार-विचार, राग-विराग, लोक-व्यवहार और आचरण-अस्मिता, बिम्ब-प्रतीक, अलंकार-मुहावरे, भाषा वैविध्य, उक्ति वैचित्र्य से है, वहाँ पाठ का सांस्कृतिक सन्दर्भ बड़ी व्याख्या की माँग करने लगता है।

पश्चिमी देशों में नाते-रिश्तों की उतनी शाखाएँ नहीं हैं जितनी भारत में हैं। केवल भारत की ही बात करें तो मिथिलांचल की स्त्रियाँ अपने जेठ और मामा ससुर से उस हद तक परदा और परहेज करती हैं जैसे दोनों एक-दूसरे के लिए अछूत हों, ऐसा देश के अन्य प्रान्तों में नहीं है। इसका सीधा सम्बन्ध वहाँ की दीर्घकालीन प्रथा से है। फिर पूरे बिहार का सन्दर्भ लें तो छोटे रिश्ते की बहुएँ घर-परिवार या समाज

के मर्दों के समक्ष सामान्य स्थिति में अपनी बात रखने के लिए भी मुँह नहीं खोलतीं, वे घर की बुजुर्ग स्त्रियों या बच्चों के माध्यम से अपनी बात पहुँचवाती हैं, ऐसा देश के और क्षेत्रों में नहीं है। बिहार, उत्तर प्रदेश में जीजा साली के रिश्तों में जितना खुलापन और रसपूर्ण परिहास भरा रहता है वह केरल में नहीं होता, वहाँ सालियाँ अपने बड़े बहनोई को बड़े भाई का दर्जा देती हैं! फिर से मिथिलांचल की तरफ चलें, वहाँ सालियों के भी दो दर्जे हैं। पत्नी की बड़ी बहन के साथ सास जैसा व्यवहार किया जाता है जबकि पत्नी की छोटी बहन के साथ पूरा खुलापन रहता है। बिहार के कुछ खंडों में मामी-भानजे के साथ भी परिहास के रिश्ते रहते हैं। छोटा नागपुर के कुछ खंडों में नानी-नाती के बीच परिहास होता है। उड़ीसा के कुछ क्षेत्रों में दूध का रूढ़ अर्थ 'स्तन' हो गया है, वहाँ पायस को 'दूध' माना जाता है, मिथिलांचल में स्त्रियों का श्मशान घाट जाना वर्जित है, इस्लाम में स्त्रियों का मजार-क्षेत्र में प्रवेश वर्जित है। पश्चिमी देशों की नागरिक-समझ इस बात से पूरी तरह अनुकूलित हो चुकी है कि दो में से किसी एक के, अथवा दोनों के विवाह-पूर्व विवाहेतर सम्बन्ध की आशंका से अपना वर्तमान नष्ट न किया जाए, पर ऐसा भारतीय स्त्री-पुरुष सामान्य स्थिति में नहीं सोच सकता।...

इन तमाम बातों से आज यदि वे लोग भी वाकिफ हैं, जो कभी इस क्षेत्र में नहीं गए, और उस क्षेत्र की भाषा भी नहीं जानते तो इसका श्रेय अनुवाद को ही जाता है। अलग से कहने की आवश्यकता नहीं, कि ये जानकारियाँ कोई रचनाकार अपने पाठ में सूक्ति की तरह नहीं देते, ये सारे तत्त्व उस पाठ में समाहित होते हैं और अनुवादक को इन सबके संरक्षण और संवर्द्धन का ध्यान रखना होता है। ऐसा कहना चाहिए कि हर पाठ अनूदित भाषा के नए रूप में आकर भावक को यह सुअवसर प्रदान करता है कि वह लक्ष्य भाषा में विवेचित पाठ के सांस्कृतिक सन्दर्भ, सामाजिक आचार-विचार, जीवन-यापन, रहन-सहन, प्रेम-संघर्ष, द्वन्द्व-दुविधा के मूल स्वरूप से परिचय करे, उसे जाने, और अपने भौगोलिक परिवेश और सामाजिक-सांस्कृतिक सन्दर्भों से उसका साक्षात्कार करते हुए, अपना तथा अपनी सांस्कृतिक समझ का विकास करे। दरअसल संस्कृति एक अमूर्त, सूक्ष्म और अपरिभाषेय बिम्ब है, इसे समझा तो जा सकता है, पर उँगली रखकर बताया जाना कठिन है कि संस्कृति यह है, एक जगह बता भी दें कि इस भूखंड—इस समुदाय के लोगों की संस्कृति यह है, तो अगले ही क्षण फिर दूसरी परिभाषा देनी पड़ जाएगी। मानव-सभ्यता के विकास-क्रम सदियों के आचार-विचार, आहार-व्यवहार, रहन-सहन, जीवन-यापन, सम्बन्ध-सरोकार की प्रथा-परम्परा की परिणति और प्रतिफल की एक शृंखला है जो मनुष्य के जीवन की तरह ही गतिशील और अग्रोन्मुख होती है और इनकी संचरण क्षमता इतनी तेज होती है कि किस रास्ते, किस क्षण इसमें नए

किसलय खिल जाएँ, पता नहीं चलता। आज सम्पूर्ण भारतीय परिवेश के पहनावे-ओढ़ावे, खान-पान, बोली-बानी, आचार-व्यवहार में आई सार्वत्रिकता के मद्देनजर इस बात को रेखांकित करना बड़ा आसान होगा।

एक समय साहित्य अकादमी के सम्मान समारोह में अपने अध्यक्षीय भाषण में यू.आर. अनन्तमूर्ति ने एक वक्तव्य दिया था कि 'आज हमारा भारतीय साहित्य बाईस भाषाओं में एक बात करता है (उन दिनों साहित्य अकादमी बाईस भाषाओं के रचनाकारों को सम्मानित करती थी)।' कहना न होगा कि उनके इस विचार-वक्तव्य का प्राथमिक आधार अनुवाद ही रहा होगा। भारतीय मनीषा में ऐसे कई पुरोधा हुए हैं जिन्हें कई भाषाओं का ज्ञान रहा है, पर अधिकांश लोग ऐसे ही रहे हैं जिन्हें सभी क्षेत्र की भाषाओं का ज्ञान भले न हो, अनुवाद अथवा अन्य स्रोतों से वहाँ की जानकारी हासिल करते रहते हैं।

विश्व फलक पर जब से अनुवाद कार्य और प्रकाशन व्यवस्था का चलन हुआ है, संसार के कोने-कोने से विचार की यात्रा तेजी से होने लगी है। संचार-माध्यम के अपरिमेय संचरण के कारण जिस तीव्रता से विचार का प्रसार हुआ, उसमें वहाँ की संस्कृति का भी प्रभावित हो जाना लाजिमी था। सामान्य जन की चित्त-वृत्ति, जीवन-वृत्ति और समकालीन शासन-व्यवस्था के दस्तावेज के रूप में साहित्य, समाज विज्ञान, अथवा इतिहास के पृष्ठों में आज तक जो कुछ भी दर्ज हुआ है, और होता चला जा रहा है उन सबका सीधा सम्बन्ध समाज और संस्कृति से है। नागरिक परिवेश की वर्चस्वगत नीतियों, संस्कृति और समाजशास्त्र से साहित्य के अन्तर्सम्बन्धों, वर्चस्व और प्रतिरोध के नागरिक संघर्षों को लेकर रेमंड विलियम्स, अन्तोनियो ग्राम्शी, रिचर्ड होगार्ड ने पर्याप्त विचार किया है, वह यहाँ विचार का विषय नहीं है। यहाँ केवल उन प्रसंगों का सहयोग भर लेना है। अन्तोनियो ग्राम्शी की राय में कोई भाषा, जनपद की संस्कृति का ही रूप होती है। उन्होंने समान भाषा-भाषी लोगों की अभिव्यक्ति में ऐतिहासिक और सामाजिक रहने वाले भाषायी अन्तर को मुक्त कंठ से स्वीकारा है। यह अन्तर व्यक्ति की सामाजिक हैसियत, पारम्परिक सम्बन्ध पद्धति, वर्ग-भेद के कारण भाषा प्रयोग की विधियाँ, आर्थिक-शैक्षिक हैसियत के कारण उसके बोध का स्तर आदि पर निर्भर करता है। इसके साथ-साथ संचार-माध्यमों के फैलाव और अनुवाद-कार्य द्वारा जो विचारों का विनिमय स्थानान्तरण होता है, और आगत विचारों का उस सामाजिक परिवेश में अधिग्रहण होता है, उससे वहाँ की संस्कृति, वहाँ के नागरिक जीवन की प्रक्रिया प्रभावित हुए बगैर नहीं रह पाती है। नागरिक परिदृश्य का रहन-सहन, वेश-भूषा, खान-पान, आचार-व्यवहार, तीज-त्योहार...सब के सब उससे प्रभावित होते हैं। यह बात सच है कि हर जनपद के साहित्य का सीधा सम्बन्ध वहाँ की भाषा में अनुगुम्फित होता है, किन्तु इसके

साथ सच्चाई यह भी है कि वह भाषा खुद ही वहाँ के नागरिक जीवन की उपज होती है। हर क्षेत्र की भाषा के सुस्थिर स्वरूप में वहाँ के नागरिक जीवन का अतीत मौजूद रहता है, जो जनपदीय संस्कृति से रससिक्त रहती है। इस रास्ते चलकर यह कहा जाना चाहिए कि अनुवाद के रास्ते चलकर जो वैचारिक और सांस्कृतिक संवर्द्धन समाज में होता है, उसका असर पुनर्सन्धान के रूप में बाद के मौलिक लेखन पर भी पड़ने लगता है।

सामाजिक जीवन–यापन के दौर में यह देखा गया है कि चाहे नागरिक जीवन के संघर्ष के उत्पाद के रूप में हो, 'विचारों' के समागत स्वरूप की सार्वजनिक स्वीकृति के रूप में, हर समय वर्चस्ववादी परम्परा के समानान्तर एक प्रतिरोधी शक्ति खड़ी होती है, जो स्थापित परम्परा की मजबूत और जड़ीभूत ताकत से जूझती हुई अपने नए मूल्य की परम्परा कायम करने लगती है। फलस्वरूप नागरिक जीवन एक नए भाव–बोध के साथ अपना जीवन संघर्ष शुरू करता है।

अधिक पीछे न जाएँ, भक्ति–आन्दोलन पर ही नजर डालें तो वहाँ सांस्कृतिक उत्थान और नागरिक जीवन के संघर्ष की छवियाँ अनेक रूपों में सामने आती हैं। अपने विराट और विस्तृत चिन्तन के साथ मैनेजर पांडेय ने गौर किया कि भारतेन्दु युग के बालकृष्ण भट्ट ने भक्तिकाल के साहित्य को 'जनसमूह के हृदय–विकास' की रचना स्वीकरते हुए उसे अपने युग का श्रेष्ठ साहित्य माना है। उनकी नजर में आचार्य रामचन्द्र शुक्ल ने भी भक्ति–काव्य का अनुशीलन करते हुए वैसा साहित्य विवेक विकसित किया जिस कारण वे रीतिवादी और जनविरोधी साहित्य का डटकर मुकाबला कर सके। प्रो. मैनेजर पांडेय ने स्पष्टतः स्वीकार किया कि सामान्य जनता की संस्कृति से उन भक्त कवियों की कविता निर्मित हुई थी...सन्त–काव्य में पुरोहितवाद, धार्मिक आडम्बर, जातिभेद, सामाजिक विषमता और ऊँच–नीच के भेद–भाव का जो खंडन तथा विरोध है, वह सामन्ती समाज–व्यवस्था और उसकी विचारधारा के विरुद्ध विद्रोह की अभिव्यक्ति है...।

भारतीय परिदृश्य में वस्तुतः भक्ति आन्दोलन ऐसी घटना है जिसने न केवल भारतीय साहित्य को बल्कि भारतीय संस्कृति और भारत के नागरिक जीवन को भी एक नई दिशा दी। जाति, सम्प्रदाय, ओहदा, सामाजिक हैसियत, आचार–विचार, रहन–सहन आदि की हदबन्दी के अलावा बाकी भी कई सीमाओं, दीवारों को तोड़कर इस आन्दोलन ने एक कर दिया। कई धर्मों, जातियों, कर्मों के कवियों द्वारा इस समय का साहित्य लिखा गया। कबीर, तुकाराम, नामदेव, रैदास, दादू, रहीम, रसखान, मीरा, अक्का महादेवी आदि बहुभाषिक तो थे ही, इसके अलावा ये सब के सब विभिन्न जाति और सम्प्रदाय के थे। बुनकर, दर्जी, सोनार, चर्मकार, धोबी, शिकारी आदि कई वर्गों से आए ये लोग एक तरफ से पंडितवाद और पुराणवाद की

वैचारिक पृष्ठभूमि के निषेध के साथ आगे बढ़े। जाहिर है कि एक समन्वित भारत और समग्र मानवीय अवधारणा के साथ इन सबकी सांस्कृतिक दृष्टि आगे बढ़ रही थी। ध्यातव्य है कि इसी दौर में रामायण और महाभारत का अनुवाद अथवा पुनर्सृजन विभिन्न आधुनिक भारतीय भाषाओं में हुआ, जिनमें से अधिकांश आज अपनी-अपनी भाषा का मौलिक और आधार ग्रन्थ माना जाता है। गुरु नानक ने 'गुरु ग्रन्थ साहिब' में विभिन्न धर्म ग्रन्थों से पद लेकर संकलित किया, दक्षिण में बासवेश्वर, निन्गैय्या, कम्बन, एषुत्तशन्, उत्तर में तुलसीदास, शंकरदेव, कृतिवास, चंडीदास, पश्चिम में मीरा, तुकाराम, ज्ञानेश्वर, नामदेव आदि इस धारा के पुरोधा माने गए। हिन्दू-मुसलमान का भेद समाप्त हुआ। लोक नाट्य के माध्यम से भक्ति सन्देश का फैलाव होने लगा। भेदभाव मिटाने में इस पद्धति का असर भी कम नहीं हुआ। आगे चलकर सती-प्रथा, छुआछूत, वर्ण-विभेद आदि सामाजिक कुरीतियों पर भी सांस्कृतिक आन्दोलन की शृंखला का सीधा प्रभाव पड़ा।

गरज कि अनुवाद के जरिए जब कोई साहित्य किसी दूसरी भाषा में जाता है तो स्रोत-भाषा का पाठ, लक्ष्य-भाषा में अपने साथ पूरे जनपद के अतीत, परम्परा, रहन-सहन, खान-पान, वेश-भूषा, बिम्ब-प्रतीक, मिथक-यथार्थ, शब्द-संस्कार, पात्रों के वर्ग-संघर्ष, जीवन-संघर्ष, तमाम बातों के साथ ही जाता है। और इतना तो तय है कि हर जनपद का सांस्कृतिक, वैचारिक और व्यावहारिक पहलू इन्हीं बातों पर निर्भर करता है। एक बात यह भी है कि अनुवाद के जरिए जब कोई संस्कृति किसी दूसरे परिवेश में पहुँचती है तो वहाँ वह वैसी की वैसी नहीं रह जाती। या तो वह वहाँ की मौजूदा संस्कृति में प्रविष्ट होकर अपने लिए जगह बना लेती है, या वहाँ के नागरिक जीवन की सुविधा के मद्देनजर अपने को पुनर्गठित कर लेती है, या फिर वहाँ की संस्कृति के साथ मिलकर एक अलग ही संस्कृति निर्मित कर देती है। यह स्थिति वाचिक-परम्परा के पाठ के साथ तो कई बार हो जाती है। कभी-कभी सामान्य पाठ के साथ भी होता है। भक्ति-आन्दोलन की कई रचनाएँ इसके उदाहरण हो सकती हैं। प्रचार-प्रसार के दौरान नेपाल, चीन, तिब्बत, खोतानी, ब्रह्मदेश, इंडोनेशिया, मध्य जावा, बाली द्वीप, मलय द्वीप, सिंहल देश, अरब-ईरान, यूरोप आदि में रामकथा का स्वरूप परिवर्तित होते-होते जैसा हो गया है, उसमें यही पद्धति कारगर रही होगी। यदि विश्व फलक पर लोक-साहित्य का अनुशीलन करें तो यह बात और साफ-साफ दिखेगी। कई अफ्रीकी लोक-कथाएँ ऐसी हैं, जो बिहार में या भारत के कई भूखंडों में अपने स्थूल रूप में एक-सी हैं, पर हर भाषा में जाकर वह वहाँ के नागरिक जीवन के साथ रचने-बसने के क्रम में स्थानीय आवरण और वेशभूषा की हो गई हैं। ठीक यही बात भारत के भीतर ही विविध राज्यों-क्षेत्रों की लोक-कथाओं के बारे में कही जा सकती है। यहाँ तक कि रामायण, महाभारत तक

का जो अनुवाद विविध भाषाओं में हुआ है, उसमें भी स्थानीय व्यवहार होते गए हैं। और, जब एक ही देश में सांस्कृतिक संचरण का यह वैविध्य हो जाए तो फिर विदेशी भाषाओं के साथ क्यों न हो।

शोधपरक तथ्य है कि प्राचीन काल में रामकथा के सम्पोषकों ने भारत के पड़ोसी देशों में जहाँ-जहाँ अपना व्यापारिक अथवा औपनिवेशिक सम्बन्ध बनाया, वहाँ-वहाँ अपने धर्म-प्रचारक भेजकर रामकथा का प्रचार-प्रसार किया। उत्तर में नेपाल, तिब्बत, चीन और खोतान, पूरब में ब्रह्मदेश, स्याम और चीन, दक्षिण-पूर्व में मलय, यव द्वीप, बाली और लम्बक आदि के जनजीवन में रामकथा का महत्त्वपूर्ण स्थान है। यह दीगर बात है कि उन स्थानों की रामकथा अब वाल्मीकि अथवा तुलसी की रामकथा जैसी नहीं रही। वैसे रहे भी क्यों। जब वाल्मीकि की रामकथा से तुलसी की रामकथा भिन्न है, और तुलसी की रामकथा से कृतिवास और कम्बन की रामकथा भिन्न है तो फिर चीन की रामकथा भारत से भिन्न क्यों न हो। अनुवाद और इतिहास की सरणियाँ पार करने के बाद तो इतनी तब्दीलियाँ आ जाती हैं कि कभी-कभी सच, झूठ जैसा लगने लगता है। ईस्वी सन् के प्रारम्भ के समय कुषाण वंश का राज्य काशी से खोतान तक फैला हुआ था। दूसरी शताब्दी के आते-आते बौद्ध धर्म, बौद्ध साहित्य और बौद्ध संस्कृति का प्रचार मध्य एशिया से चीन तक सब जगह होने लगा था। आगे के वर्षों में नेपाल, और तिब्बत होते हुए भारत के साथ चीन का सम्बन्ध और बढ़ा। तीसरी सदी के आते-आते बौद्ध साहित्य 'अनामक जातकम' का चीनी अनुवाद हुआ जिसमें रामकथा के सूत्र मिलते हैं। आठवीं-नौवीं शताब्दी की उपलब्ध तिब्बती रामायण में, नौवीं शताब्दी की खोतानी रामायण से रामकथा के सूत्र मिलते हैं। शोध सूत्रों के आधार पर इसी तरह ब्रह्मदेश, इंडोनेशिया, मध्य जावा, बाली द्वीप, सिंहल देश, अरब ईरान, यूरोप आदि में रामकथा की मौजूदगी और लोकप्रियता की जानकारी परशुराम चतुर्वेदी ने अपनी पुस्तक 'भारतीय संस्कृति विश्व मंच पर' में विस्तार से दी है। इसी तरह उन्होंने बौद्ध धर्म और जैन धर्म के प्रचार-प्रसार की सूचनाएँ भी एकत्र की हैं और उनके प्रचार-प्रसार एवं लोकप्रियताओं की व्याख्या दी है। तय है कि पहली-दूसरी शताब्दी के आते-आते बौद्ध-धर्म का प्रचार-प्रसार और तेजी पकड़ चुका था, इसलिए वाजिब ही है कि पहले से संचरित रामकथाओं पर पीछे से आई हुई जातक कथाओं की विषयवस्तु आदि का प्रभाव पड़ा हो, या फिर वहीं के कल्पनाशील नागरिकों का रचना-कौशल रहा हो, जिस कारण उन कथाओं में तब्दीली आती गई हो।

प्राक् उपनिवेशकालीन, उपनिवेशकालीन और उत्तर उपनिवेशकालीन भारतीय साहित्य के मद्देनजर भारतीय बौद्धिक मानस का अनुशीलन विस्तृत फलक पर करें तब भी सांस्कृतिक संचरण का विस्तार बड़ी स्पष्टता से दिख्ता है। वैसे

अनुवाद कार्य के उद्देश्य के सम्बन्ध में प्राच्य-पाश्चात्य पुराने नजरियों की तुलना करने पर रोचक सन्दर्भ सामने आता है। इस सन्दर्भ में स्वर्ग-बहिष्कृति की बाइबिल की कथा का उल्लेख करते हुए जेक हिल्स मिलर ने अनुवाद को 'सतत निर्वासन की भटकती अवस्था' कहा है। भारतीय चिन्तकों के मन में ऐसी चिन्ता कतई, कभी नहीं हुई। कहें कि इस अवधारणा की ओर कभी नजर ही नहीं गई। बहुभाषिकता, बहुसांस्कृतिकता और अनुवाद की समझ भारत के आम नागरिकों के लिए सदा से सहचरी बनी हुई है। अनुकथन, अनुवचन, व्याख्या, विश्लेषण, अन्वय, अर्थ, सार, टीका, भावानुवाद, अनुवाद...कई पदबन्ध यहाँ की मान्यताओं में बसे रहे हैं। भारत में सबसे बड़ी बात यह दिखती रही है कि लोक-कंठों में बसे गीतों, कथाओं, गाथाओं, सन्दर्भों का संचार जहाँ-जहाँ हुआ, वहाँ-वहाँ एक नए रूप की संरचना भी हुई। इन अर्थों में हमें सहज स्वीकार्य होना चाहिए कि दो संस्कृतियों, दो पाठों की भाषिक समझ के अन्तर के कारण ही अनुवाद की जरूरत होती है, अर्थात् अनुवाद दो संस्कृतियों, दो पाठों के भाषिक, व्यावहारिक अन्तर की मूक स्वीकृति है और सांस्कृतिक मैत्री के विस्तारण का प्रयाण है। स्वाधीनता पूर्व के समय की स्थितियों को देखने से तो साफ-साफ तय होता है कि फिरंगियों ने भारतीय मनीषा के धार्मिक, पौराणिक, सांस्कृतिक ग्रन्थों का अनुवाद करवाया ही इसलिए था कि वे यहाँ की संस्कृति को समझ सकें। 'पॉलिटिक्स ऑफ ट्रांसलेशन' का यह बहुत शानदार नमूना है कि किसी भी क्षेत्र विशेष के सामान्य नागरिक की सांस्कृतिक अस्मिता को जाने बगैर वहाँ शासन कर पाना असम्भव है। किसी व्यक्ति के साथ महीनों रहकर आप केवल उस व्यक्ति के उतने दिनों के व्यवहार को जान सकते हैं, लेकिन उस क्षेत्र की संस्कृति को जान लें तो वहाँ की पूरी जनता को जान जाएँगे। कहने की आवश्यकता नहीं कि भारतीय विद्वान् सदा से कर्मों में विश्वास करते रहे हैं, कर्मों को परिभाषित और महिमामंडित करने में नहीं। यहाँ अनुवाद कार्य हो अथवा मूल वाचन-लेखन, उन्हें सिर्फ सम्प्रेषण या अभिव्यक्ति समझा गया। शायद यही कारण हो कि प्रस्तुत कथन के पुनर्कथन में यहाँ पर्याप्त छूट ली जाती रही है। आधुनिक भारतीय भाषाओं के साहित्येतिहास पर नजर डालें तो साफ दिखता है कि कई नई विधाओं का विकास-विस्तार वहाँ पौराणिक सामग्रियों के पुनर्कथन से ही हुआ है। अकेले रामायण की बात करें तो हमारे यहाँ तुलसीदास, कृतिवास, कम्बन, एषुत्तशन आदि द्वारा रचित रामायण अपनी भाषाओं के मूल ग्रन्थ माने जाते हैं। बहुत बाद में आकर यह कार्य मैथिली भाषा में भी हुआ, जो चन्दा झा, लालदास जैसे विलक्षण कवि ने किया। तथ्य है कि फ्रांस के महान अनुवाद चिन्तक एतीन दोलेत को अनुवाद में छूट लेने की वजह से फाँसी चढ़ा दिया गया था, वैसी परम्परा भारत में अपनाई गई होती, तो भक्तिकाल के सारे

रचनाकार फाँसी चढ़ गए होते। सन्त ज्ञानेश्वर के अर्जुन अपने उपदेशक कृष्ण से कहते हैं कि तुम्हारी बात देववाणी में मेरी समझ में नहीं आती, तुम शुद्ध मराठी में अपनी बात समझाओ। गुरु नानक ने 'गुरु ग्रन्थ साहिब' में न जाने कितने सन्तों की बानियों को अपनी भाषा में संकलित किया। महाकवि विद्यापति ने जाने कितने सन्दर्भों को अवहट्ट और मैथिली में तराशा, चन्दबरदायी ने 'पृथ्वीराज रासो' में अपने नायक के लिए अपने राष्ट्रीय सन्दर्भ का उल्लेख किया। अनुवाद के जरिए सांस्कृतिक संचरण की इस विराट श्रृंखला को ध्यान में रखते हुए हमें थोड़ा और पीछे जाकर देखने की आवश्यकता पड़ेगी, जब बौद्ध साहित्य का प्रचार-प्रसार शुरू हुआ।

सर्वास्तिवादी और थेरवादी परम्परा के प्रचार-प्रसार के दौर में चीनी सहित कई भाषाओं में बुद्ध वचनों का अनुवाद हुआ, और कई ग्रन्थ वहाँ से पुनः अनूदित होकर, वहाँ की संस्कृतियों के संस्पर्श के साथ भारत आ गए। भारतीय सन्दर्भ में अनुवाद कार्य के दौरान इस छूट और सांस्कृतिक विस्तार का सदा स्वागत हुआ है। भारत का भाषा-शास्त्र और केन्द्रीय विषय की प्रामाणिकता के नियन्ता लोग कभी इस चिन्ता में दुबले नहीं हुए कि हमारा मूल कहीं खो जाएगा, यहाँ सदा इन अभिकर्मों को सांस्कृतिक अस्मिता के सन्धान और अनुवाद कार्य की अनिवार्य आवश्यकता के रूप में देखा गया।

आज इस बात को लेकर सावधान होने की जरूरत है। इस क्रम में इस चिन्ता की भी कोई खास आवश्यकता नहीं कि स्वातंत्र्योत्तर काल के ब्रिटिशों ने अपनी सत्ता के अहंकार में हमें इतिहासहीन घोषित करने की असफल चेष्टा की। इतिहास गवाह है कि क्रूर और बर्बर शासक अपने शासितों को इतिहासहीन, छिन्नमूल, असभ्य, कुसंस्कृत कहता है। अंग्रेजों ने भी उसे दुहराया। अपने फतवे से उन्होंने भारत की साहित्यिक, सांस्कृतिक भव्यता को अमान्य किया, उसे पिछड़ा और अर्थहीन बताया। ब्रिटिश शासन काल में अपनी भौतिक सुविधाओं के लालच में आए कुछ भारतीय भी तो अंग्रेजीदाँ हो ही गए थे। वे उन्हीं की रुचियों, मन्तव्यों के अनुरक्षक, सम्पोषक हो गए थे। वैसे ही भारतीय बुद्धिवादियों के साथ मिलकर अंग्रेजों ने अनुवाद कार्य की पहरेदारी की, और अपनी रुचि के हिसाब से ऐसे अनुवाद कार्य करवाए और उसे प्रोत्साहन दिया, पुरस्कृत किया, जिनमें भारतीय साहित्य और संस्कृति की गरिमा आहत होती रही। 'द एरेंजमेंट्स ऑफ एन एलाइन्स' शीर्षक अपने लेख में सूजी थारू ने और अपने विश्लेषण में रोमिला थापर ने इन प्रसंगों का विस्तार से उल्लेख किया है।

हमें इन चिन्ताओं में सिर खपाने के बजाय अपनी शक्ति का सकारात्मक उपयोग करना है। यह तो उनके लिए ही शर्म की बात होनी चाहिए कि जिस अनुवाद

को उनके चिन्तक, 'निर्वासन की भटकती अवस्था' कहा करते थे, उसी अनुवाद ने उन्हें भारतीय संस्कृति को समझने का हुनर और सुविधा दी और फिर उसी अनुवाद-कार्य में लोमड़ीगिरी करने लगे। हमें यह देखना है कि इन तमाम विडम्बनाओं के बावजूद, इतने-इतने झंझावातों को सहते रहने के बावजूद, भारतीय साहित्य और संस्कृति का वैविध्य और उसकी गरिमा निरन्तर ऊँचाई पाती गई है। और, ऊँचाई देने वाला यह घटक है अनुवाद-कार्य जो स्वयं अपनी सम्पूर्ण निष्ठा और उज्ज्वलता के साथ आगे बढ़ा जा रहा है। प्राक् उपनिवेशकालीन सृजन और अनुवाद की उदारता और उपनिवेशकालीन वैचारिक संकीर्णता के संघर्ष के परिणामस्वरूप भी हमारे साहित्य और संस्कृति को कम लाभ नहीं हुआ। इसका श्रेय हमारे यहाँ के बुद्धिजीवियों, रचनाकारों और अनुवादकर्मियों के सकारात्मक सोच को जाता है कि भाषिक और सांस्कृतिक तौर पर पूर्णतया और स्पष्टतया इतनी भिन्नता बने रहने के बावजूद दुनिया के सबसे बड़े गणतन्त्रात्मक राष्ट्र भारत के नागरिकों के मन में अपनी सांस्कृतिक विविधता के प्रति सम्मान भाव बना हुआ है। फणीश्वरनाथ रेणु के 'मैला आँचल', यू.आर. अनन्तमूर्ति के 'संस्कार', मोहन राकेश के 'अँधेरे बन्द कमरे', तकषी शिवशंकर पिल्लै के 'कयर', श्रीलाल शुक्ल के 'रागदरबारी', भालचन्द्र नेमाडे के 'कोसाला', कृष्णा सोबती के 'जिन्दगीनामा', राजकमल चौधरी के 'मछली मरी हुई', ललित के 'पृथ्वीपुत्र', गोपीनाथ मोहन्ती के 'परजा', सोहन सिंह शीतल के 'तूताँ वाला खूँह', महाश्वेता देवी के 'अग्निगर्भ' जैसे उपन्यासों और भारतीय साहित्य के अनगिनत कथाकारों, नाटककारों, कवि-चिन्तकों के लेखन में उत्तर उपनिवेशकालीन जिन सांस्कृतिक विरासत की महक और उन्मुक्तता हम सब देख रहे हैं, उसका असली संस्पर्श इतने बड़े बहुभाषी देश के नागरिकों को अनुवाद के सहारे ही मिल रहा है। और, हर जनपद की संस्कृतियाँ एक-दूसरे को निरन्तर सम्पुष्ट करती जा रही हैं। असम अथवा बिहार के नागरिक 'ओणम' की महत्ता; केरल, कर्नाटक के नागरिक 'बिहू' और 'छठ' की महत्ता को समझने लगे हैं; तो अधिकांश श्रेय अनुवाद को ही जाता है।

उल्लेखनीय है कि हर जनपद की भाषा अपनी सांस्कृतिक अस्मिता के साथ ही महत्त्वपूर्ण होती है और हर जनपद की सांस्कृतिक धारा मूल पाठ में कई स्तरों तक रची-बसी होती है। इस पूरी प्रक्रिया में जब स्रोत-भाषा का सन्देश लक्ष्य-भाषा में पहुँचता है, तब अनुवादक के लाख प्रयास के बावजूद उसकी मौलिकता अपने मूल सन्दर्भ से गहरे जुड़ाव के कारण बची ही रहती है। भाषान्तरण की इसी प्रक्रिया में एक जनपद की संस्कृति का दूसरी भाषा की संस्कृति में कायान्तरण होता है। भारत जैसे बहुसांस्कृतिक, बहुभाषिक देश में दो भाषा-भाषी क्षेत्रों की संस्कृतियों का संवर्द्धन और संचरण इसी रास्ते होता है।

इन अर्थों में अनुवाद के जरिए न केवल एक भाषा का सन्देश दूसरी भाषा के पाठक तक पहुँचता है, बल्कि सबसे पहले दो संस्कृतियों का आपस में परिचय होता है, फिर संघर्ष होता है, और, उसके बाद फिर विकास होता है। यह कहने में कोई हिचक नहीं होनी चाहिए कि अनुवाद संस्कृतियों और विचारों की सुदूर यात्रा की सरणि भी है, और इस तरह राष्ट्रीय एकीकरण में अपनी महत्त्वपूर्ण भूमिका निभाता है। अधिक पीछे न जाकर सन् 1857 से सन् 1947 तक के नब्बे वर्षों के अनूदित साहित्य पर ही विचार करें, बातें बहुत सफाई से सामने आती हैं। या फिर भारतीय साहित्य के केवल स्वातंत्र्योत्तरकालीन अनुवाद में बंकिम, शरत्, रवीन्द्र, प्रेमचन्द, निराला, नागार्जुन, महाश्वेता, वैकम मुहम्मद बशीर, शिवराम कारन्त, यू.आर. अनन्तमूर्ति, केशव रेड्डी, पन्नालाल पटेल, समुत्तिरम, भालचन्द्र नेमाडे, कर्तार सिंह दुग्गल, आदि की रचनाओं के विभिन्न भारतीय भाषाओं में हुए अनुवाद को देखकर, राष्ट्रीय फलक पर सांस्कृतिक सौहार्द की जितनी स्पष्ट छवि बनती है, उसका सारा श्रेय अनुवाद कार्य को ही जाता है। आशा की जाती है कि आने वाले कुछ वर्षों में अनुवाद से जुड़े तमाम अभिकरण निश्चय ही बहुत अच्छी तस्वीर पेश करेंगे।

# अनुवाद में सांस्कृतिक संवाद

जगदीश शर्मा

मानव प्रजाति सदैव समय, काल, स्थिति के अनुसार औपचारिक-अनौपचारिक संवाद साधन एवं विधा विकसित करती है जिसमें राजनीतिक, आर्थिक व सांस्कृतिक और औपनिवेशिक शक्तियाँ उसे अपने इतिहास, संस्कृति, साहित्य, धर्म लोक आख्यान और पारिस्थितिकीय सम्पदा को समझने के लिए प्रेरित करती हैं। संवाद करना स्वयं में ही एक विशिष्ट विधा है और बहु-भाषिक व बहु-सांस्कृतिक समाज में तो यह विशेष रूप से एक कठिन प्रक्रिया है। अनुवाद करते समय कथ्य के अर्थ या भाव को किस स्तर पर अन्तरित अथवा पुन:वादित/अनुवादित किया जाए, यह अनेक स्तरीय प्रक्रिया है, फिर भी अनुवादक यह जानता है कि वह भले ही लक्ष्यभाषा में अपने कथ्य को कितना भी समावेशित कर ले, उसका पिष्टपोषण कर उसे पूर्णत: उस नए परिवेश में ढालने का प्रयास करे, उसके लिए तरह-तरह के सहायक अर्थोन्मेषी उपादान तैयार करे, वह (अनुवादक) जानता है कि वह कथ्य को पूर्णत: व्यक्त नहीं करता है। अत: वह सदैव इस खोज में रहता है कि अन्तत: सांस्कृतिक व अन्तरसांस्कृतिक संवाद लक्ष्यभाषा में कथ्य के अस्तित्व व आत्मा को प्रभावित किए बिना किस प्रकार अनुवादित किया जाए। (वेनुटी 2001 : 469)

मूल प्रश्न यह भी है कि सांस्कृतिक संवाद-अनुवाद क्षेत्रों की तुलना में अधिक दुरूह व चुनौतीपूर्ण क्यों हो जाता है ? सम्भवत: इसका उत्तर इस तथ्य में है कि संस्कृति अपने आप में अत्यधिक गुम्फित व संश्लिष्ट संकल्पना है। इसका सही-सही निर्वचन शायद ही किया गया हो। हालाँकि कुछ विद्वानों का मत है कि संस्कृति कुछ विशेष तत्त्व में निहित रहती है और ये तत्त्व ही उस संस्कृति को पोषित करते हैं। इस प्रकार, संस्कृति हालाँकि, एक अत्यन्त अस्पष्ट संकल्पना है तथापि अनुवाद करते समय यह स्पष्ट अपेक्षणीय तत्त्व के निदर्श में एक महत्त्वपूर्ण अर्थान्तरण गतिविधि के रूप में उभरकर सामने आ जाता है। क्योंकि यह आमतौर पर पाठ संस्कृति में समाहित व समावेशित रहता है और यह जितना अधिक

समाहित व समावेशित रहेगा उतना ही अनुवाद करते समय इसे समझना कठिन होगा (सिमोन 2005)। संस्कृति एक समूह, एक भौगोलिक क्षेत्र, एक प्रदेश, राज्य व राष्ट्रों को अलग करते हुए उनकी विशिष्ट पहचान करती है। यह धर्म, जाति, व्यवसाय, योग्यता आदि से भी जन-समुदायों को विभाजित करती है तथा उन्हें विशिष्ट अभिधान देती है। यही नहीं विशिष्ट कारण, जीवन शैली तथा जीवन दर्शन आदि भी संस्कृति के पोषक तत्त्व हैं तथा इनके कारण भी समाज में विशेष संस्कृतियों का निर्माण होता है (सिंहल : 2006)। ये तत्त्व किसी भी संस्कृति में इतने गुम्फित व जीवन्त होते हैं कि उनको विलग करके संस्कृति की पहचान बनाए रखना असम्भव होगा। संस्कृति किसी समाज की सार्वभौमिक सोच, आदर्श, तथा उसकी कला धरोहर की भी परिचायक होती है। इसमें राष्ट्रीय आदर्श, विशिष्ट कारक, आध्यात्मिक व आधिभौतिक सम्पदा तथा भावनात्मक एवं प्रतिभात्मक गुण रहते हैं, जो किसी समाज की संरचना करते हैं (दुआ-1997)। वस्तुतः संस्कृति इनकी अनुपस्थिति में न केवल जीवन्तता विहीन हो जाएगी अपितु वह गड्डमड्ड होकर एक प्रकार की अस्पष्टता व विभ्रम की स्थिति भी उत्पन्न करेगी, और सामाजिक व्यवस्था के सुचालन को प्रभावित करेगी। संस्कृति सदैव अपने वर्तमान में सक्रिय रहती है तथा भाषिक तत्त्वों को भी प्रभावित करती है। यही कारण है कि आज वैश्विक स्तर भी नित नए शब्दों का प्रादुर्भाव और उनका स्वीकारना सतत क्रियाशील है। मोबी लैंग्वेज (मोबाइली भाषा) तथा खान-पान एवं जीवन आस्था सम्बन्धी सांस्कृतिक पुट लिए शब्द आजकल वैश्विक स्तर पर स्वीकार किए जा रहे हैं। सांस्कृतिक तत्त्वों के अनुवाद में सदैव समस्या रही है तथापि यह माना जाता है कि सह-अस्तित्व वाले समुदायों या भाषा-भाषियों में इस प्रकार के सांस्कृतिक अनुवाद कम दुष्कर होते हैं। उदाहरणतः यदि शेक्सपियर का फ्रेंच या जर्मन में अनुवाद करना हो तो उनकी सम-सांस्कृतिक अथवा सह-भौगोलिकता के कारण लक्ष्यभाषा में सांस्कृतिक-समावेशन सरल होगा व मूल कथन को अत्यधिक लक्ष्यनिष्ठ बनाने की आवश्यकता नहीं होगी (ब्रेवर : 1988)। यही बात भारतीय भाषाओं में भी लागू होती है; उत्तर व मध्य भारत में अनुवाद करते समय सह व सम सांस्कृतिक परिवेश के कारण मूल कथ्य को सहजता व स्वाभाविकता से अन्तरित किया जा सकता है; परन्तु उत्तर-पूर्व या उत्तर-दक्षिण अथवा दक्षिण-पूर्व और पश्चिम-पूर्व में अगर एक छोर से दूसरे छोर पर मूल से लक्ष्यभाषा में अनुवाद करना हो तो सांस्कृतिक-अन्तरण की समस्या उभरकर सामने आती है।

अनुवाद करते समय वर्ग विभेद को नजरअन्दाज करके सही सम्प्रेषण सम्भव नहीं है; विशेषकर भारतीय समाज में स्त्री समाज व दलित या उपेक्षित समाज की

पहचान को अत्यन्त संवेदना से लक्ष्यभाषा तक पहुँचाना गम्भीर चुनौती है। इसी प्रकार समुन्नत समाज के लिए विकासशील और अविकसित समाज (राष्ट्रों)— तीसरे विश्व की सांस्कृतिक पृष्ठभूमि का आश्रय लिए बिना उसका सही चित्रण सम्भव नहीं होगा। परन्तु समस्या यह है कि समुन्नत व विकसित समाज में भुखमरी, अकाल, आपसी कलह, धार्मिक उन्माद व अतिरेकी जीवन शैली नहीं है; अत: तीसरे समाज या विश्व तथा उपेक्षित समाज के साहित्य का अन्तरण एक सांस्कृतिक चुनौती है (वीवर : 1988)। यही नहीं, तीसरे विश्व की भाषाओं से अंग्रेजी में किए गए अनेक अनुवादों में अंग्रेजी की प्रमुखता के कारण राजनीतिक रूप से अल्प समर्थ तीसरे विश्व के लोगों की आवाज को भी कम मुखर बना दिया गया है (गायत्री : 1993)। यह भी पाया गया है कि आधिपत्य स्थापित राष्ट्रों की एक विशिष्ट दूषित पहचान भी साहित्य के कारण बना दी गई जिससे कि उनको सरलता से शोषित किया जा सके। अत: यह अनुवाद का पाश्चात्यकरण करने की प्रक्रिया अनुवाद में एक असहज अध्याय भी है (निरंजना : 1992)। विलियम जोन्स के अरबी, फारसी व संस्कृत अनुवाद केवल तात्कालिक आवश्यकता पर आधारित थे, न कि औपनिवेशिक समाज की आवाज या उनके साहित्य को मुखरता प्रदान करनेवाले। सांस्कृतिक रूप से रूढ़ शब्दों की समस्या भी अनुवाद में सामान्यत: सामने आती है। यह माना जाता है कि पाठक की अनुवाद के प्रति प्रतिक्रिया उसकी अपनी पारम्परिक पृष्ठभूमि से प्राप्त समझ व उससे सम्बद्ध मान्यताओं से प्रभावित होती है अत: अनुवाद के प्रति इसका 'पूर्व' या मान्यता अनुवादक की मान्यता या पूर्व से अलग होने की सम्भावना बनी रहती है। क्योंकि पूर्व (ज्ञान-मान्यता) केवल पुस्तक में वर्णित विचारों, अनुभूतियों या घटनाओं से प्रभावित होकर हमारा 'पूर्व' नहीं बन जाता है अपितु वह हमारे उस धरोहर स्वरूप साहित्य निधि से प्रभावित होता है जो हमारे विशिष्ट जीवन के लिए अर्थपूर्ण रहा है। अत: यह 'पूर्ण' सदैव व्यक्ति के साथ अभिज्ञान में रहता है जबकि वर्तमान केवल स्थापित सम्भावनाओं की सीमा में बँधा रहता है (जीन टोयाना : 1992 जार्ज स्टाइनिर को उद्धृत करते हुए)।

स्पष्ट है अनुवाद को सांस्कृतिक परिवेश में स्थापित करना अत्यन्त आवश्यक है। एक सृजनात्मक लेखक के लिए शब्द एक सांस्कृतिक याददाश्त की तरह है जिसका पूरी संस्कृति व समाज सहभागी होता है तथा पूरे समाज की धरोहर इस शब्द-विशेष में समाहित होती है। यही शब्द धरोहर जब परिवेश विशेष में प्रयुक्त होती है तो उस समाज के अनुभव सजीव हो जाते हैं और वे उसके इतिहास को मुखरता देते हैं। अत: इसका साहित्य में अनुसेवन करते समय पाठक उससे उद्वेलित होता है। अनुवादक को इस सहभागिता के अनुभव को लक्ष्य भाषा में

पुनः सन्दर्भगत बनाकर नवसर्जन करना होगा ताकि पाठक भी उस विलग संस्कृति के अनुभव में सहभागी हो सके (तालगिरी : 1988)। इसी सन्दर्भ में आन्द्रे लिफेव्रे और सूसन बेसनेट की पुस्तक 'अनुवाद, इतिहास और संस्कृति' इस तथ्य पर ध्यानाकर्षित करती है कि अनुवाद की सफल प्रक्रिया पर प्रकाशन उद्योग अथवा विचारधाराएँ विशिष्ट लेखन यथा स्त्री और दलित लेखन तथा औपनिवेशिकीकरण आदि किस प्रकार प्रभावी होते हैं। इस प्रक्रिया में सामाजिक व्यवस्था और साहित्य के मध्य तादात्म्य एवं अन्त:संवाद का स्थापित होना महत्त्वपूर्ण माना गया है। इस प्रकार यह भी स्पष्ट होता है कि पूर्ण अनुवाद के लिए स्रोतभाषा के संवादीय मूल्यों व समय-काल परम्पराओं सम्बन्धी तमाम तत्त्वों को लक्ष्यभाषा में यथासम्भव समतुल्य से विवर्तित कर लिया जाए (ब्रोयेक : 1979:3)। निष्ठा व सौन्दर्य का प्रश्न तो सदैव (हातिम, मुंडे : 2004) परस्पर विरोधी स्थिति उत्पन्न करेगा ही।

संस्कृति को नृविज्ञानियों ने जीवन की तमाम गतिविधियों में पाया गया तत्त्व कहकर उसे दैनन्दिन जीवन की प्रत्येक घटना या क्रियाकलाप से जोड़ा है। संस्कृति सदैव सक्रिय जीवन शैली के माध्यम से सम्प्रेषित होती रहती है। अत: संस्कृति को जानने व उसे सम्प्रेषित करने हेतु हमें केवल उत्पाद और परिणाम के साथ-साथ क्रियाकलाप व संवाद को गहराई से परखने की आवश्यकता है (दुआ-1997)।

सांस्कृतिक अर्थग्रहण हेतु स्त्री लेखकों/अनुवादकों को भी सदैव कुछ अन्तर्विरोधों का सामना करना पड़ा है। 'Man' आदमी शब्द से सामान्यत: किसी भी स्थिति में 'मनुष्य' को अनुप्राणित करने की परम्परा रही है; परन्तु इसका तात्पर्य दोनों महिला और पुरुष, और असल में तो किसी भी मानव-प्राणी पर लागू होता है, परन्तु उसका सही-सही अर्थभेद करना कभी-कभी न केवल मुश्किल होता है, अपितु उससे एक प्रकार का यौन-विभेद भी उत्पन्न हो जाता है। देरीदा, महाश्वेता देवी तथा अन्य बांग्ला लेखकों के अनुवाद को सफलता से करने वाली गायत्री स्पिवॉक ने लिंग-भेद, स्वीकृति व अनुवाद को गहराई से समझने वाले मुद्दों को केन्द्रीय विषयों के रूप में उभारकर उन पर गम्भीर चर्चा की अपेक्षा की है। उन्होंने विशेष रूप से स्त्री अनुवादकों के लिए यह टिप्पणी की है कि 'भाषा लैंगिक-एजेन्सी में प्रवेश के लिए एक रास्ता है'; क्योंकि वे अपनी भाषा में लिखती हैं, तथा वे जहाँ एक ओर मूलपाठ के प्रति पूर्ण समर्पण रखती हैं; वहीं वे लक्ष्य पाठ में एक प्रकार की उपस्थिति भी दर्ज कराना चाहती हैं। एक सुप्रसिद्ध महिला अनुवादक ने तो किसी पाठ सामग्री का अनुवाद करने से यह कहते हुए मना कर दिया कि इसमें पुरुष कथ्य होने की बू आती है। जाहिर है वह अपनी आत्मा और अस्मिता की

रक्षा भी करना चाहती है (सिमॉक : 1993)। स्पष्ट है अनुवादक को अपनी धरोहर अस्मिता व अपने सरोकारों के प्रति गहरी संवेदना व सचेतता और लक्ष्यभाषा में उन्हें Surrender or Staging (समर्पण व उपस्थिति) क्षमता देनी चाहिए।

अनुवाद एक विलग दुनिया से सामना होने जैसा होता है। इसमें दो अलग-अलग संवेदनाओं में विरोध की स्थिति होती है; क्योंकि वे अलग-अलग सामाजिक मूल्यों व संस्कृतियों से आविर्भूत होते हैं। इस प्रकार की स्थिति में एक विकल्पन या रूपान्तरण की प्रक्रिया में हिचक या विरोध स्वाभाविक रूप में उभर आता है। व्यक्ति अपने-अपने समाज के मूल्यों व संस्कृति के अनुसार परवरिश पाता है अत: वे उसकी सोच तथा जीवन शैली का अंग बन जाते हैं; इस प्रकार सांस्कृतिक अन्तरण हेतु सर्जनात्मक लेखक अपने पाठक वर्ग को ध्यान में रखकर लेखन-कार्य करता है तथा यह संस्कृति एक आभासीय परन्तु सफल अन्तरण में एक अनिवार्य घटक बन जाती है (तालगिरी 1988:1)। पुर्तगाली आधिपत्य के बाद गोवा की संस्कृति को पूर्णत: मिटाने व उस पर औपनिवेशिक संस्कृति लादने के प्रयास इस सन्दर्भ में उल्लेखनीय हैं; परन्तु जिस प्रकार मूल निवासियों (Natives) ने अपनी संस्कृति को अनुवाद के माध्यम से आक्रान्ताओं अथवा औपनिवेशिक शक्तियों के दमन के बावजूद जारी रखा तथा अन्तत: वे अपने लिए अलग साहित्यिक अवकाश स्थापित कर सके, जिसके कारण आज गोवा की सांस्कृतिक विरासत बच सकी है। इसमें लेखक की अपनी माटी, मूल्य, धरोहर के प्रति निष्ठा तथा अभिव्यक्ति में सफलता अनुवादक लेखक का श्रेय है (सान्याल-2010)।

सांस्कृतिक अन्तरण में मुख्य बिन्दु है—लेखक और विषय का सम्बन्ध, लेखक और पाठक का सम्बन्ध तथा अनुवादक और पाठ के मध्य सम्बन्ध, साथ ही सांस्कृतिक अन्तरण के लिए बहुआयामी सम्बन्ध दृष्टिकोण की आवश्यकता रहती है। यह केवल भाषा के माध्यम से सम्भव नहीं है। जहाँ अनुवादक को लेखक के साथ अन्तरंग सम्बन्ध स्थापित कर विषयवस्तु, संवाद शैली तकनीक, अभिव्यक्तियों के आयामों तथा चिन्तन धारा को समझाना होता है वहीं इसे पाठक के साथ भी तादात्म्य स्थापित करना होता है। यह तादात्म्य कहीं-कहीं मार्गरूढ़ (En-route) भी होता है (जैन : 2)। पंजाबी में लिखित राजेन्द्र सिंह बेदी की कृति 'एक चादर मैली सी' का खुशवन्त सिंह का अनुवाद I take this woman एक उत्तम सांस्कृतिक अन्तरण अनुवाद है। वास्तव में सांस्कृतिक अन्तरण में कई भाषायी सीमाओं का अतिक्रमण भी हो जाता है। भारतीय परिवेश में 'छोटी', 'बड़ी', 'सौत' तथा अनेक स्थानीय अभिव्यक्तियाँ हैं जिनके अनुवाद में निश्चित रूप से भाषायी अतिक्रमण करना अपेक्षणीय है। यहाँ तक कि व्याज स्तुति और व्याज निन्दा में भी प्रत्यक्षत: गाली या अपमानसूचक शब्दों के माध्यम से अत्यन्त स्नेहिल-भाव व्यक्त किया

जाता है। उत्तर भारत में सामान्यतः बेटी को गले लगाते समय 'धीये मर जाणिये तू ठीक तो है' बेटी मू मर जाए; तू सकुशल तो है; यह अक्सर माँ-बेटी के अन्तराल मिलन का वाक्य होता है, इसके अनुवाद में पूरी सामाजिक विरासत को जानना आवश्यक होगा। गेटे का अनुवाद के विषय में मत है कि अनुवादक यदि निष्ठा से अपने धर्म का पालन करे तो वह एक पूरे राष्ट्र या द्वीप के लोगों व उनकी संस्कृति को पाठकों के सामने ला सकता है। परन्तु इसके लिए उसे लक्ष्य पाठक की अभिरुचि व मान्यताओं का भी ध्यान रखना होगा ताकि उसकी स्वीकार्यता बनी रहे।

भारतीय परिवेश में अनुवाद करते समय आपसी सम्बन्धों, अनुज-अग्रज, वन्दनीय से व्यवहार करते समय 'आप' का सीधा अनुवाद 'You' काफी भ्रामक हो जाता है। यही नहीं, यह सामाजिक उपहास तथा असमंजस का सूचक भी बन जाता है; एकवचन-बहुवचन का भी भेद रखना पड़ता है। 'वे' का They अनुवाद भी उचित नहीं है; परन्तु अनुचित भी नहीं, यदि यहाँ संख्या का उल्लेख हो, तथापि यह सम्मानसूचक में भी प्रयोग में लाया जाता है। इसी प्रकार आदरसूचक शब्द; मसलन 'नमस्ते' किसी भी अवसर व समय में प्रयोग किया जा सकता है, 'धन्यवाद' भी अनेक अवसरों पर अनुवाद में भ्रामकता उत्पन्न करता है। विशेष अवसरों पर अभिवादन के अनेक रूप प्रयोग में आते हैं; शोक आदि की स्थिति में सामान्यतः नमस्ते या धन्यवाद आदि सामाजिक मान्यता के अनुरूप नहीं माना जा सकता है। अतः इसका अनुवाद करते समय लक्ष्य पाठक के परिवेश को ध्यान में रखना आवश्यक होगा (त्रिवेणी सी)।

सांस्कृतिक वैश्वीकरण की प्रक्रिया में अनुवाद की भूमिका अहम हो गई है और इसमें तथाकथित सांस्कृतिक वैश्विकी की निर्मिति भी हुई है; जो संवाद की प्रक्रिया में गति व जीवन के सभी पहलुओं में प्रगति तथा विचार-आन्दोलन में जीवन्तता लाती है। नाइडा का भी यह मत है कि दो राष्ट्रों या एक ही राष्ट्र के मध्य अन्तर्भाषिक संवाद सम्भव है, परन्तु इस नित-परिवर्तनशील विश्व में कदापि स्थायी या आदर्श नहीं होगा। संस्कृति में जो बहु-आयामिकता दिखाई देती है वह भाषायी विखंडन या विलगता की कारक है और आवश्यकतानुसार भाषा में स्थायी बदलाव भी ला देती है (नाइडा 2004)। नाइडा का यह भी मत है कि स्थिति विशेष ही सन्देश को प्रसारित करती है और भाव एवं अर्थ को स्पष्ट करती है न कि पाठ या शब्द, क्योंकि अर्थ की बुनियादी इकाई 'आज' पाठ ही है जो मूलतः अपने परिवेश की संस्कृति से संगठित होता है। अतः अनुवादक को इसी प्रकार की परिवेशीय सूक्ष्मताओं का ज्ञान होना अनिवार्य है ताकि वह सार्थक अनुवाद करते समय पाठ के स्तर पर इन गहराइयों का पालन कर सके (नाइडा 2004)।

सांस्कृतिक अननुवाद्यता भी अपने आप में विभिन्न विशिष्ट संस्कृतियों के विभेद में उसकी अन्तरात्मा को जानने में सहायक है। संस्कृति एक मानसिक प्रणाली है और इसी से अनेक प्रकार की मानसिक अभिक्रियाएँ अनुप्राणित होती हैं। संस्कृति या मानसिक अभिप्राणन एक संकुचित अवधारणा नहीं अपितु यह एक पूरी सभ्यता का परिचायक होता है क्योंकि इसमें चिन्तन, संवेग, प्रतिक्रिया, मानव समाज की उपलब्धियाँ उनकी धरोहर एवं परम्परा-सम्पदा समावेशित रहती है (फोल-1997-108, हाईमस : 1964, स्नेल हार्नवी-1981, 1995)। अन्त:संस्कृति का व्यापक सन्दर्भ होता है। यह परिवर्तनशील है तथा भाषा सांस्कृतिक विशिष्टता की मात्र अभिव्यक्ति का साधन है न कि अभिन्न अंग (हॉफ्सटेड 2004 : 34, नाइडा 2001, न्यूमार्क 1987, हतीम, मासन 1989)। नाइडा के अनुसार सर्वोत्तम अनुवाद 'अनुवाद' की तरह नहीं लगना चाहिए; स्वाभाविकता उनका मुख्य अपेक्षणीय बिन्दु है। अत: अनुवाद में अननुवाद्यता के होने से वह अनुवाद नहीं अपितु एक स्वाभाविक पाठ प्रतीत होगा (नाइडा 1964 : 11)। अत: सांस्कृतिक अननुवाद्यता का तत्त्व अति महत्त्वपूर्ण है क्योंकि इससे जूझते ही अनुवादक स्वाभाविकता की खोज कर पाएगा और लक्ष्यभाषा में 'कथन' कर सकेगा। सांस्कृतिक अननुवाद्यता पर गहन चिन्तन करते समय कभी-कभी कुछ पाठ को छोड़ना या उससे छेड़छाड़ भी करनी पड़ सकती है, उसे पुन: लिखना पड़ सकता है, पुन: स्रोत पाठ को समझकर उसका नव-लेखन भी करना पड़ सकता है ताकि सन्दर्भ की अपेक्षा के अनुसार उसमें स्वाभाविकता व बहुआयामी-समतुल्यता भी प्राप्त की ही जा सके (लिफेव्रे-1992) (वेसनेट लिफेव्रे-1990) (नाइडा 1964, नाइडा 1969)। कभी-कभी इस अननुवाद्यता को त्रुटिपूर्ण सम्मान भी कहा जाता है, विशेष रूप से सामाजिक जीवन में, परन्तु इससे अन्ततः गहनता में जाने व चिन्तन का अवसर तो मिलता ही है (हाउस-2003)।

सांस्कृतिक अननुवाद्यता की परिस्थितियाँ भी महत्त्वपूर्ण हैं क्योंकि अनेक बार स्रोत भाषा की अभिव्यक्तियाँ जब अननुवाद्यता के कारण यथावत् स्थानान्तरण के पश्चात् लक्ष्य पाठक में ग्रहण कर ली जाती हैं तो (विवरणात्मक टिप्पणी आदि से) 'स्रोत पाठ कमोबेश अननुवाद्य होता है' (कैटफोर्ड 1965.93) इसी उक्ति को पुष्ट करता है। क्योंकि अनुवाद प्राय: सन्दर्भगत ही होता है। इसमें तीन तरह की स्थितियाँ—अनुवाद पूर्व चिन्तन, प्रारम्भिक स्थिति तथा वास्तविक अनुवाद करने की स्थितियाँ होती हैं। इनमें सामाजिक, मूल्यपरक-विशिष्ट नैतिक तथा तकनीकी स्थितियों पर चर्चा के उपरान्त तकनीकी स्थितियों को प्रक्रिया (उत्पादन) और उत्पाद (अपेक्षित) स्थितियों में विभाजित किया जाता है (चेस्टर मैन 1997, हरमंस 1999, टॉरी 1995)। अनुवादक नि:संदिग्ध रूप से लक्ष्य-

समाज के सामाजिक-सांस्कृतिक सन्दर्भ से निबद्ध होकर अनुवाद करता है, तदनुसार अनुवाद को अनिवार्यतः उसी सामाजिक सन्दर्भ में रखकर मूल्यांकित करना होगा। नाइडा का यह कथन कि उत्तम अनुवाद—अनुवाद जैसा नहीं लगना चाहिए, अथवा लिफेव्रे का यह मानना कि अनुवाद पुनर्लेखन है, इसी तथ्य पर बल देते हैं कि अनुवाद में स्वाभाविकता तथा पुनर्लेखन दोनों ही लक्ष्य-पाठ में लक्ष्य सांस्कृतिकता की स्वाभाविकता व विशिष्ट संरचना में सटीकता ग्रहण कर लेते हैं। (कान्डी कितामुर किटटफाद; ट्रांसलेटर डायरेक्टरी) समीरा मीजानी का यह भी मानना है कि सांस्कृतिक व अन्तःसांस्कृतिक अभिज्ञान अनुवादक के लिए अत्यन्त अपेक्षणीय है, क्योंकि सांस्कृतिक विलक्षणताएँ उसे बेहतर अनुवाद की राह पर ले जाती हैं। सांस्कृतिक विभेद पारम्परिक रूप से समाज-संस्कृति विशेष में प्रयुक्त होने वाले शब्दों व प्रयुक्तियों में निहित रहता है जिन्हें मौखिक या लिखित रूप में अनूदित करना अत्यन्त दुष्कर होता है। मौनिन ने भी Lexical (कोशगत) तत्त्व पर बल देकर इससे अनुवाद को उत्तम बनाने का सुझाव दिया परन्तु अनुवाद में प्रायः स्रोतभाषा के पाठक को कोशीय सीमा से बाहर सांस्कृतिक सन्दर्भ से अर्थ ग्रहण करते पाया गया है। अतः केवल कोशगत तत्त्व से उसका अन्तरण मुश्किल है।

नाइडा औपचारिक एवं बहु-आयामी अनुवाद की अवधारणा में से 'शब्दावली अनुवाद' (Glossary Translation) में अधिकांशतः औपचारिक समतुल्यता की संरचना इस तथ्य पर आधारित करते हैं कि शैली व सामग्री इस प्रकार पुनः स्थापित की जाए कि यथासम्भव स्रोत के नजदीक हो व लक्ष्यभाषा के पाठक को रीति-रिवाज, परम्परा, चिन्तन पद्धति और अभिव्यक्तियों को समझाने में समर्थ हो। 'सांस्कृतिक मोड़' (Cultural Turn) नाम की अवधारणा भी 1978 में उभर कर सामने आई जब एवन जोहर ने बहु पद्धति व अनुवाद पर चर्चा की, बाद में टॉरी ने भी इसे आगे बढ़ाया और वेसनेट व लिफ्रेवे (1990) ने भी इसे एक महत्त्वपूर्ण अनुवाद लक्षण के रूप में पोषित किया। 1980 के आसपास ही वरमीड़ की (Skopos Theory) 'लक्ष्य' 'उद्देश्य' नाम से भी सामने आई। वरमीड़ ने अनुवाद में तकनीकी रूप से अनुवाद के उद्देश्य तथा अनुवाद प्रक्रिया को समझने का प्रयास किया ताकि अनुवाद को क्रियात्मक रूप से सोद्देश्य बनाया जा सके। इसे ही उन्होंने Translature नाम दिया। 1984 में रीईस तथा वरमीड़ ने अपनी पुस्तक Ground work for General में इस तथ्य पर बल दिया कि Translature उद्देश्य लक्ष्य से ही निर्धारित होता है। अनूदित पाठ में स्रोत पाठ व संस्कृति की सूचना का प्रदान नहीं है। इसी प्रकार मार्क (1988) की नई चिन्तन पद्धति—Cultural word (सांस्कृतिक शब्द/शब्दावली) भी प्रकाश में आई, क्योंकि उन्होंने

संस्कृति को, जीवन शैली को समुदाय विशेष में अभिरूपित होती है तथा अपनी विशिष्ट भाषा का अभिव्यक्ति के रूप में प्रयोग करती है; यह माना है कि वह स्वाभाविक है। 'कल्चरल-वर्ड' (सांस्कृतिक शब्दावली) स्रोत पाठक/संस्कृति के अनुरूप लक्ष्य पाठक आसानी से नहीं जान पाएगा। अत: Cultural word की महत्ता को समझना आवश्यक होगा। इस सन्दर्भ में नाइडा की अवधारणा पर आधारित न्यूमार्क का 'सांस्कृतिक वर्गीकरण' (1988, 94-103) महत्त्वपूर्ण है जो सांस्कृतिक शब्दों में 'विदेशी' को समझने में महत्त्वपूर्ण है। यह इस प्रकार है—

- **पारिस्थितिकीय :** भौगोलिक व पारिस्थितिकीय पहलू भी संस्कृति विशेष के परिचायक होते हैं। (न्यूमार्क-1988-86) इन्हें लक्ष्यभाषा में संकेतन अथवा निरूपण से समझना कठिन है, क्योंकि ये नियमित या ज्ञात नहीं होते हैं (नाइडा-1988)। इनमें पेड़-पौधे, वनस्पति, वन्य जीवन, पर्वत चोटियाँ, वायु प्रवाह तथा घाटियाँ-तलहटियाँ आदि शामिल रहती हैं। फूलों की घाटी, पहाड़ों की रानी, स्वर्ग की वादी आदि केवल स्रोत पाठक को ही ज्ञात रहते हैं। वन्य जीवों के, देवी-देवताओं के नाम से स्थान व पर्वत चोटियाँ या उपयोग मात्र से फूल-फलों व वनस्पति के नाम कठिनता से लक्ष्य पाठक तक पहुँचते हैं। हाँगुल, नीलगाय, लकड़बग्घा आदि ऐसे ही रूप हैं।
- **उपभोज्य संस्कृति :** दैनन्दिन व्यवहार में आने वाले अनेक पदार्थ भी संस्कृति का अंग बन जाते हैं। इनमें भोजन, वस्त्र, घर/कस्बे तथा यातायात आदि के साधन आते हैं। दूध, दही, घृत, मिष्टान्न, चावल, जौ, नारियल आदि से निर्मित पकवान और उनके असंख्य रूपों को क्षेत्र विशेष से बाहर या विदेशी भाषा में व्यक्त करना मुश्किल है। इसी प्रकार भारत की राष्ट्रीय पोशाक, प्रान्तीय पहनावे विशेषकर दूरदराज के क्षेत्रों में प्रचलित विविधतापूर्ण कबीलाई/जनजातीय पहनावों के प्रकारों के नाम व उनका अभिरूपण कठिन होगा। इन्हें यथावत् रखकर ही समझाया जा सकता है, कुर्ता, लँगोटी, सलवार, कमीज, धोती, गमछा, फेरन, लोई, घाघरा, और सांस्कृतिक अवसरों पर पहनने वाले देवी-देवताओं के अनेक इसी प्रकार के अभिषेक वस्त्रों को यथावत् (टिप्पणी सहित) रखकर ही सम्प्रेषित किया जा सकता है।
- **सामाजिक संस्कृति :** ऐसे शब्दों में भी काम व आराम के शब्द शामिल रहते हैं। दो घड़ी सुस्ताना, साँस लेना, कोल्हू का बैल, बेगार का बैल, बाजारू, लावण्य आदि शब्दों का अनुवाद लक्ष्यभाषा में यथावत् सम्भव नहीं है।

- **सामाजिक संगठन :** सामाजिक संगठन भी विशिष्ट संस्कृति के परिचायक शब्दों से ही अभिहित होते हैं। ऐतिहासिक महत्त्व या घटनाओं को इंगित करने वाले परिचायक शब्दों को भी लक्ष्यभाषा में विवरण सहित यथावत् प्रतिस्थापित कर देना चाहिए (न्यूमार्क-1988-101)। भारत छोड़ो आन्दोलन, स्वराज, नमक आन्दोलन; सत्याग्रह, फिरंगी, गोरा, स्वदेशी आदि शब्द पूरी परम्परा के वाहक हैं। इन सबके पीछे पूरे समाज की सांस्कृतिक, धार्मिक, कलात्मक व राजनीतिक एवं व्यवस्थात्मक सोच निहित होती है, जिसे समझे बगैर उनका अनुवाद सम्भव नहीं होगा।
- **आदत, स्वभाव एवं संकेतादि :** न्यूमार्क ने यह उल्लेख किया है कि आदतें-व्यवहार व संकेतादि भी समाज की विशिष्ट संस्कृति को प्रदर्शित करते हैं; अत: उन्हें समाज की संस्कृति के सन्दर्भ में देखना आवश्यक होगा। इसमें पाठ का उद्देश्य, पाठक की सांस्कृतिक, तकनीकी व भाषिक क्षमता एवं अभिरुचि, स्रोतभाषा पाठ में सन्दर्भ शब्दों का महत्त्व, स्वीकृत शब्दावली की उपलब्धता, शब्दों की स्वीकार्यता, शब्दों के सम्भावित अर्थ निरूपण आदि महत्त्वपूर्ण हैं। इन्हीं से ही लैस होकर अनुवादक शब्दों को सन्दर्भगत रूप दे सकता है। यूरोप में शराब को बनाने की विधि, भारत में देसी पेय, तथा पकवान बनाने की विधियों में क्रमवार असंख्य शब्द प्रयुक्त होते हैं। आयुर्वेदिक औषधियों की असंख्य प्रक्रिया शब्दावली भी ऐसी ही है। भारतीय परिवेश में असंख्य शब्द हैं जो शाब्दिक रूप से कुछ भी या संकेतार्थ सन्दर्भजन्यता से शून्य होने पर भी गूढ़ार्थ या व्यापक परिवेशजन्य अर्थ सम्प्रेषित करता है; अत: उनकी प्रकार्यता को विवरणात्मकता से अलग देखने की आवश्यकता है (न्यूमार्क 1988-102)।

न्यूमार्क ने यह भी इंगित किया है कि अनुवाद करते समय स्रोतभाषा और लक्ष्यभाषा में भाषायी व सांस्कृतिक असंख्य कोशीय दूरियों (Gaps) को दूर करने में संघटकीय विश्लेषण की महत्ता को कम नहीं आँका जा सकता है। इसके लिए कुछ प्रविधियाँ अपनाई जा सकती हैं। जैसे :

- स्वभावीकरण (Naturalization) : जब स्रोतभाषा के शब्द को लक्ष्यभाषा में उसके मूल रूप में रखा जाए;
- दोपाया, तिपाया या चौपाये का इस्तेमाल, विशेषकर तब जब अन्यार्थ की सम्भावना को पूर्णत: नकारना हो;

- निर्वणता (Neutralization) से भी शब्द पर कई बार अनिवार्यता कर ली जाती है ताकि स्रोतभाषा के सामान्यीकृत शब्द को मुक्त शब्द में आरोपित किया जा सके;
- विवरणात्मक एवं प्रकार्यात्मक समतुल्य-विवरणात्मक समतुल्य किसी वस्तु के आकार-प्रकार, मान-प्रतिमान, रूप-रंग आदि का विवरण देते हैं; दो सेर, एक घड़ी, तीन मन, गज गामिनी, कदली दल; दो पल, घड़ी, श्यामला, कमल वन्दना आदि। इसी प्रकार प्रकार्यात्मक समतुल्य संस्कृति विशेष शब्दों द्वारा स्रोत पाठ को अभिव्यक्त करते हैं। यथा 'कैट';
- पादटिप्पणी—यह पृष्ठ के तले में या खंड अथवा पुस्तकान्त में अतिरिक्त सूचना हेतु दिये जाते हैं;
- सांस्कृतिक समतुल्य—इसमें स्रोतभाषा के सांस्कृतिक शब्द लक्ष्यभाषा में समतुल्य सांस्कृतिक शब्दों से अन्तरित किए जाते हैं;
- प्रतिपूरण—जब अर्थ, ध्वनि प्रभाव, आबद्ध प्रभाव अथवा रूपात्मकता (Metaphor) आदि के नुकसान को लक्ष्य पाठ में किसी अन्य स्थान पर इनकी प्रतिपूर्ति की जाए;
- सांस्कृतिक प्रत्यारोपण—हरबी और हिजिन का मानना है कि स्रोतभाषा में कुछ अर्थ स्तर पर होते हैं जिनका लक्ष्यभाषा में सांस्कृतिक प्रत्यारोपण किया जा सकता है ताकि विदेशी पाठ में उन सांस्कृतिक पक्षों को स्थापित किया जा सके जिनका नुकसान हो जाता है;
- Exoticism : विदेशीयता—यह अन्तरण जैसा ही है; जिसमें स्रोतभाषा का व्याकरण व सांस्कृतिक पहलू लक्ष्यभाषा में अन्तरित कर दिये जाते हैं;
- Calque (केलिक) उधारी-अनुवाद—स्रोतभाषा के संरचनात्मक निबन्ध का परिवेशीय रूप से परिचित शब्दावली में अन्तरित करना;
- सांस्कृतिक शब्द-ग्रहणता : इतिहास, विधि, सामाजिक-राजनीतिक पाठ में इस प्रकार के शब्द जो अनुकूलित नहीं किए जा सकते हैं, उन्हें यथावत् ले लिया जाता है। पैरोल, लैंगे आदि ऐसे ही शब्द हैं;
- समतुल्य अभिव्यक्तियाँ—सम्प्रेषणीय अनुवाद में मुहावरों, लोकोक्तियों में निबद्ध अभिव्यक्तियों आदि को संस्कृति विशेष पृष्ठभूमि

के आधार पर लक्ष्यभाषा में समतुल्य प्रभावी अभिव्यक्तियों द्वारा सम्प्रेषित करना;

- सांस्कृतिक प्रत्यारोपण में जहाँ समान भाषायी समतुल्यता न होकर समान सांस्कृतिक समतुल्यता दिखाई देती है, वहीं इनमें लक्ष्यभाषा में प्रचलित संकल्प व अभिव्यक्ति के दृष्टिगत ही आरोपण किया जाता है।

'किपिंग' की सांस्कृतिक अवधारणा भी सांस्कृतिक रूप से परिचायक शब्द जो संकल्पना, विचारों व विश्वास के प्रतीक हैं उन्हीं पर बल देती है। उनके अनुसार ये शब्द तकनीकी-आर्थिक, सामाजिक, वैचारिक व भाषिक उपप्रणालियों पारिस्थितिकीय, सामाजिक वर्गों, समूहों; आरोह क्रम-(Kinship) सगोत्रता या नाते-रिश्तों में, राजनीति, शिक्षा, विधि-न्याय, खेल-मनोरंजन परम्परा, इतिहास, धर्म, जादू-टोना, लोककथा, साहित्य-परम्परा, विचार-मनन तथा भाषा के ध्वन्यात्मक एवं अर्थात्मक व व्यापारिक पहलुओं को समझने व लक्ष्यभाषा की प्रकृति के अनुरूप उनको पाठक वर्ग तक पहुँचाने की योग्यता रखते हैं।

वेनुटी (1995) का यह मत है कि अनुवाद अध्ययन का दायरा सामाजिक, सांस्कृतिक आधार पर मूल्यपरक दृष्टि अपनाकर विस्तृत करना चाहिए। अत: उसमें एक 'अदृश्यता' सदैव रहनी चाहिए और लक्ष्य पाठक अपना मुहावरा उसमें खोज पाए परन्तु एक प्रकार की पारदर्शिता का भ्रम भी बना रहे और लक्ष्य पाठक की विशिष्ट पठन अभिरुचि की प्रतिपूर्ति भो होती रहे। महिलावादी लेखिका मोना बेकर ने भी यह मत व्यक्त किया कि अनुवाद को शब्द-समूह के अर्थगत व भाषिक पक्ष का पूर्ण ज्ञान होना चाहिए। स्रोतभाषा व लक्ष्यभाषा में 'शब्द' प्रदत्त मूल्य के प्रति सचेतता होनी चाहिए तभी अनुवादक असमतुल्य अर्थ-जगत् को अतिरेकी स्तर से सामान्य स्तर तक क्रमानुसार अवगाहन में समर्थ हो सकता है।

अपने विस्तृत आलेख में जी.एन. देवी ने भी इस तथ्य पर बल दिया है कि अनुवाद केवल एक भाषिक गतिविधि नहीं अपितु यह एक सांस्कृतिक कार्य है और यह सार्वजनीन, सार्वकालिक व सार्वभौमिक नहीं हो सकती है, तथा यह अपने इतिहास व सांस्कृतिक धरोहर से अनुप्राणित होकर विशेष सांस्कृतिक व भाषायी आधार पर अपनी अवधारणा की निर्मिति करती है; जो वस्तुत: अनुवादक को स्वान्त: सुखाय, विश्व हिताय की भावना से अनुप्रेरित करती है। अनुवाद की भाषिक, सांस्कृतिक व सामाजिक गहराई के प्रति अज्ञानता और असंवेदनशीलता से जहाँ संवाद भंग, अवरोध तथा घातक दुष्परिणाम हो सकते हैं वहीं ये राष्ट्रीय, वैश्विक, वैयक्तिक, उद्देश्यों की पूर्ति नहीं करते हैं। साथ ही इतिहास संस्कृति के वाहक व पोषक दायित्व का निर्वहन भी नहीं करते हैं। इस प्रकार की भूल अनुवादक

कर देते हैं कि इसमें आर्थिक, राजनीतिक व सामाजिक संकट उत्पन्न हो जाते हैं; अत: अनुवादक को स्रोतभाषा संस्कृति, विशिष्ट अर्थ, रूढ़िगत अर्थ व सामाजिक-भौगोलिक मान्यताओं, विश्वास, रिश्ते-नाते, खानपान, पहनावे और पूरी जीवन शैली से जुड़ी अन्तरंग अभिव्यक्तियों को दृष्टिगत कर उसे समझना अनिवार्य होगा वहीं उसे अनुवाद करते समय लक्ष्यभाषा, सांस्कृतिक शब्दों के सन्दर्भगत अर्थ, मुहावरे तथा सामाजिक-आर्थिक एवं राजनीतिक परिदृश्य में नित-परिवर्तनशील विचारधारा, चिन्तनशीलता तथा संवेदनशीलता के अनुरूप पाठक की अपेक्षा के अनुरूप उसकी आकांक्षाओं व उद्देश्यों की आपूर्ति को ध्यान में रखते हुए अत्यन्त दुष्कर कार्य को पूरा करना है।

स्रोतभाषा के मुहावरे व संस्कृति में निहित तत्त्वों की तथ्यपरक पहचान व अवगाहन अनुवादक के अनुभव तथा निष्ठा को व्यक्त करते हैं; जबकि लक्ष्यभाषा पाठक संस्कृति के प्रति दायित्व एवं निर्वहन उसकी परिपक्वता के परिचायक हैं। इन्हीं के परिणामस्वरूप अनुवादक प्रत्यक्षत: दृष्टिगत न होकर भी उपस्थित रहता है परन्तु लक्ष्य पाठक अपने आपको विदेशी पाठ में सहज रूप से पाठ का रसास्वादन करते हुए अपनी मान्यताओं, विश्वास, विशिष्ट सांस्कृतिक अभिव्यक्तियों के प्रति दुराव या दुश्चित्रण से उन्मुक्त होकर अन्वेषण, अवबोधन व नए (विशेष) पाठ के साथ अन्तर्मन से सानन्द प्रेरित होकर लगातार आगे बढ़ता रहता है।

अनुवादक को सदैव एक प्रतिरोध का सामना करना पड़ता है। पहले लेखक को रचना और अपनी समझ के मध्य तत्पश्चात् लक्ष्य पाठक व परिवेश की मान्यताओं व परिवेशीय अपेक्षाओं के साथ, और फिर सामंजस्य स्थापित करना पड़ता है; अत: यह प्रतिरोध व सामंजस्य का अनोखा संघर्ष अनुवादक के लिए असि-धार पर गमन करने के समान है (राजनाथ-2009 अनूदित डॉ. रामकीर्ति शुक्ल) राजनाथ इस प्रतिरोध को नकारना नहीं क्रिटीकिंग मानते हैं क्योंकि रिसेप्शन (पाठक द्वारा गृहीत अर्थ) या सम्प्राप्ति और पाठक आपस में निकट सहयोगी क्रियाएँ हैं। यह सम्प्राप्ति अत्यन्त सूक्ष्म पाठन (Micro Reading) पर आधारित होती है। एडवर्ड सईद की व्याख्या के आधार पर वे लिखते हैं—रिसेप्शन एक नए तरह का पाठन होता है; जिसमें प्रतिरोध का महत्त्वपूर्ण अंश होता है जिसके बिना पाठक उस गुप्त अर्थ को सामने नहीं ला सकता है। पाठक और जिस 'कुछ' का पाठन करता है; दोनों एक निश्चित काल स्थान में स्थित होते हैं (राजनाथ-2005)। अनुवादक को इस 'पाठक और जिस कुछ' के इस निश्चित काल स्थान को भी अपनी अनुवाद क्रिया में सामने रखना अत्यन्त महत्त्वपूर्ण है। उसे रचना के संवेदनात्मक ज्ञान और उस द्वन्द्ववाद-आभास और सार के द्वन्द्वात्मक उत्कर्षण में देखने और समझने का प्रयास करना

चाहिए, क्योंकि रचना, सीखने की और रूपान्तरण की प्रक्रिया से बाहर नहीं है (सक्सेना-2005)। निश्चित रूप से अनुवादक को एक सौन्दर्यात्मक, कलात्मक, संवेदनात्मक व आलोचनात्मक होना अपेक्षित है। उसे अर्थ ग्रहण, अर्थ-निर्वहन की मूल शर्त, स्रोतों और प्रवाहों की जाँच-पड़ताल, बहुलत्व में एकत्व की समझ तथा प्रकृति में 'विशिष्ट' को उभारने के बारे में पर्याप्त और समुचित ज्ञान होना चाहिए। जाहिर है अनुवादक समाज व उसमें घटित हुई या वर्तमान में घटित हो रही परिस्थितियों, मूल्यों तथा निहित मान्यताओं की न तो उपेक्षा कर सकता है, न ही उनको विखंडित रूप से विवरणित कर सकता है।

अनुवाद के बहु-प्रणाली सिद्धान्त की व्याख्या में इत्मार एवनर जाहर भी अनुवाद को प्रकार्य व स्थान की दृष्टि से सांस्कृतिक प्रणाली की पृष्ठभूमि में अवलोकित करते हैं; तथा उसे अन्तरण की प्रक्रिया द्वारा साहित्यिक प्रणाली में प्रकीर्तित हुआ मानते हैं; जो स्वयं में व्यापक सांस्कृतिक मान्यता की अभिन्न अनुषंगी है (वर्नेट-1998)। एन्टोनी वर्मन ने (It is good enough) (रोबिन्सन 2005) 'यह पर्याप्त अच्छा है'—अनुवाद की इस स्थिति तक पहुँचने के लिए निर्विन्यासीकरण अभिरुचियों का उल्लेख किया है जिनसे लक्ष्य पाठ के साथ अर्थ विभेदन से बचते हुए सामंजस्य स्थापित किया जा सकता है। इनमें मूल रूप से अनुवादक 'अदृश्य' सुनता है और लक्ष्य पाठक के साथ 'अदृश्य' रूप में विद्यमान रहता है। उसे बहु-सांस्कृतिक भारतीय परिवेश संवेदनशीलता व 'अदृश्य आवाज' को सुनना होगा, यह अन्तरात्मा की 'पुकार' के अनुवाद जैसा ही होगा।

## सन्दर्भ


1. ट्रांसलेशन कम्युनिटी यूटोपिया—दी ट्रांसलेशन स्टडीज, रीडर, सं. लारेंस वेनुटी, रुटलेज, (2001) पृ. 469।
2. सुरेश सिंहल, अनुवाद संवेदना और सरोकार, संजय प्रकाशन, नई दिल्ली, 2006
3. जॉन टी व्रेवर : द रोल ऑफ कल्चर इन सक्सेसफुल ट्रांसलेशन; लिटरेचर एंड ट्रांसलेशन, सं. प्रमोद तालगिरी; एस.वी. वर्मा पॉपुलर प्रकाशन प्रा.लि., नई दिल्ली-1986।
4. गायत्री सी. स्पिवाक, द पॉलिटिक्स ऑफ ट्रांसलेशन (1993)।
5. जीन टोयाना, ट्रांसलेशन—ईस्ट एंड वेस्ट सेलेक्टेड कॉन्फ्रेंस पेपर्स, सं. कार्निला मूर एंड लूसी लाठर, कॉलेज ऑफ लिंग्विस्टिक स्टडीज, यूनिवर्सिटी ऑफ हवाई, होनोलुलु; हवाई, यू.एस.ए. 1992।
6. जीन जेनेट, राइटिंग फॉर फारबिड्डन : नोटरे-डैम-डेस फ्लेवस एंड इट्स ट्रांसलेशन द्वारा-हारीगुची दायगाक, सेलेक्टेड कॉन्फ्रेंस पेपर्स, सं. कार्निला मूर एंड लूसी लाठर कॉलेज ऑफ लिंग्विस्टिक स्टडीज, यूनिवर्सिटी ऑफ हवाई होनोलुलु, हवाई, यू.एस.ए., 1992।

7. प्रमोद तालगिरी, दी प्रॉब्लम ऑफ कल्चरल रीकन्टैक्सच्युलाइजेशन इन लिटरेरी ट्रांसलेशन, लिटरेचर इन ट्रांसलेशन, सं. प्रमोद तालगिरी एस.वी. वर्मा, पॉपुलर प्रकाशन, मुम्बई 1988।
8. निरंजना, पोस्ट स्ट्रक्चरलिज्म् एंड कोलोनियल कॉन्टेक्स्ट; साइटिंग ट्रांसलेशन (1992)।
9. पीटर होग्जिन, कल्चरल एप्रोच टु ट्रांसलेशन, टी गार्डन, ऑस्ट्रेलिया; ट्रांसलेशन डायरेक्टरी डॉट कॉम।
10. टोरी सिमॉन, जेंडर-इन-ट्रांसलेशन, कल्चरल आइडेंटिटी एंड इट्स पॉलिटिक्स ऑफ ट्रांसलेशन, रूटलेज, लन्दन, 2008।
11. एम.आर. दुआ, कल्चर एंड कम्युनिकेशन : कन्सेप्शंस एंड परसेप्शंस, कम्युनिकेशन एंड कल्चर, एवं टी. मनोन्मनीय गलगोतिया पब्लिशिंग हाउस, नई दिल्ली, 1997।
12. प्रमोद तालगिरी, द परसेप्शन ऑफ लिटरेरी ट्रांसलेशन फ्रॉम कल्चरल ट्रांसफेरेंस टू मेटॉन्मिक डेवलपमेंट; लिटरेचर इन ट्रांसलेशन, सं. प्रमोद तालगिरी, पॉपुलर प्रकाशन, मुम्बई, 1988।
13. जसवीर जैन, प्रॉब्लम ऑफ कल्चरल ट्रांसफेरेंस, लिटरेचर इन ट्रांसलेशन, सं. प्रमोद तालगिरी, पॉपुलर प्रकाशन, मुम्बई, 1980।
14. त्रिवेणी-सी, कल्चरल एलिमेंट्स इन ट्रांसलेशन—द इंडियन प्रॉस्पेक्टिव, ट्रांसलेशन डायरेक्टरी डॉट कॉम।
15. ट्रांसलेशन टूल्स इन द प्रोसेस ऑफ कल्चरल ग्लोबलाइजेशन, ट्रांसलेशन डायरेक्टरी डॉट कॉम।
16. कांजी किटामुरक्किट्फॉद्, कल्चरल अनट्रांसलेटेबिलिटी, ट्रांसलेशन डायरेक्टरी डॉट कॉम।
17. सुजेन लिवाईन (Conference Deliberations)
18. समीरा मीजानी, कल्चरल ट्रांसलेशन : फार्स साइंस एंड रिसर्च, आजाद यूनिवर्सिटी, तेहरान, ट्रांसलेशन डायरेक्टरी डॉट कॉम।
19. जी.एन. देवीय ट्रांसलेशन थ्योरी इन इंडियन पर्सपेक्टिव, ट्रांसलेशन फ्रॉम पेरिफरी टू सेन्टर स्टेज, सं. टुटुन मुखर्जी, प्रेस्टीज, बुक्स, नई दिल्ली, 1998।
20. राजनाथ; एडवर्ड सईद; प्रतिरोध और सामंजस्य, बहुवचन-6, 22 जुलाई, सितम्बर 2009, महात्मा गांधी अन्तरराष्ट्रीय हिन्दी विश्वविद्यालय वर्धा, 2009 (208-222)।
21. राजेश्वर सक्सेना, सीखने और रूपान्तरण की प्रक्रिया में होने का अर्थ-प्रैग्मेटिज्म—भाषा का मानसिकतावादी मोड़ और भाषावैज्ञानिक मोड़ : बहुवचन-22 महात्मा गांधी अन्तरराष्ट्रीय विश्वविद्यालय, वर्धा-2009 (पृ. 25-235)।
22. लियोन वर्नेट, दी पेरेजटीन स्पिरिट : ट्रांसलेशन फ्रॉम पेरिफिरी टू सेन्टर स्टेज, सं. टुटुन मुखर्जी, प्रेस्टीज बुक्स, नई दिल्ली, 1998।
23. पीटर होग्जिन, कल्चरल एप्रोच टू ट्रांसलेशन थ्योरी : टी गार्डन, आस्ट्रेलिया ट्रांसलेशन डायरेक्टरी डॉट कॉम।
24. टी. डब्ल्यू एडर्नो, संस्कृति उद्योग : अनुवाद-राम कवीन्द्र सिंह, ग्रन्थ शिल्पी (इंडिया) प्रा.लि., 2006।
25. हतीम वासिल, मुंडे जेरेमी, (2004) ट्रांसलेशन एन एडवांस्ड रिसोर्स बुक, रूटलेज, न्यूयार्क।

26. राइटिंग दी वेस्ट : 1750-1947 : रिप्रजेंटेशंस फ्रॉम इंडियन लैंग्वेजेज; सं. सी. विजयश्री, साहित्य अकादेमी, 2004, नई दिल्ली।
27. जीन पीटर्स, जे. प्रभाकर राव, व्हाई डू वी नीड सोशियोकल्चरल एप्रोच इन ट्रांसलेशन : सोशियो कल्चरल एप्रोचेज टू ट्रांसलेशन, सं. जे. प्रभाकर राव, जीन पीटर्स; सम्मेलन पत्र संकलन : ICSCAT 2010, एक्सेल इंडिया पब्लिशर्ज, नई दिल्ली।
28. सोवेन सान्याल, ट्रांसलेशन इज ए साइट फॉर कल्चरल रिजिस्टेंस : केस स्टडी ऑफ पोर्टगीज गोवा, सोशियोकल्चरल एप्रोचेज टू ट्रांसलेशन, सं. जे. प्रभाकर राव, जीन पीटर्स; सम्मेलन पत्र संकलन : ICSCAT 2010, एक्सेल इंडिया पब्लिशर्ज, नई दिल्ली।
29. सूजन बेसनेट, ट्रांसलेशन स्टडीज, रूटलेज, लन्दन, 2003।
30. मोना बेकर, इन अदर वर्ड्स। Course Book on Translation रूटलेज, लन्दन, 1992।